KB005983

저자 **JLPT연구모임**

초판인쇄 2021년 6월 2일
초판발행 2021년 6월 12일

저자 JLPT연구모임
책임 편집 조은형, 무라야마 토시오, 박현숙, 손영은, 김성은
펴낸이 엄태상
해설진 한고운, 김수빈
디자인 권진희
조판 이서영
콘텐츠 제작 김선웅, 김현이
마케팅 이승욱, 전한나, 왕성석, 노원준, 조인선, 조성민
경영기획 마정인, 조성근, 최성훈, 정다운, 김다미, 오희연
물류 정종진, 윤덕현, 양희은, 신승진

펴낸곳 시사일본어사(시사북스)
주소 서울시 종로구 자하문로 300 시사빌딩
주문 및 교재 문의 1588-1582
팩스 0502-989-9592
홈페이지 www.sisabooks.com
이메일 book_japanese@sisadream.com
등록일자 1977년 12월 24일
등록번호 제 300-1977-31호

ISBN 978-89-402-9325-6 (13730)

머리말

일본어능력시험은 N4와 N5에서는 주로 교실 내에서 배우는 기본적인 일본어를 어느 정도 이해할 수 있는 레벨인가를 측정하며, N1과 N2에서는 폭넓은 분야에서 일본어를 어느 정도 이해할 수 있는지, N3는 N1, N2와 N4, N5의 가교 역할을 하며 일상적인 장면에서 사용되는 일본어의 이해를 측정합니다. 일본어능력시험 레벨 인정의 목표는 '읽기', '듣기'와 같은 언어행동의 표현입니다. 언어행동을 표현하기 위해서는 문자·어휘·문법 등의 언어지식도 필요합니다. 즉, 어휘나 한자, 문법 항목의 무조건적인 암기가 아니라, 어휘나 한자, 문법 항목을 커뮤니케이션 수단으로서 실제로 활용할 수 있는가를 측정하는 것이 목표입니다.

본 교재는 新일본어능력시험 개정안에 따라 2010년부터 최근까지 새롭게 출제된 기출문제를 철저히 분석하여, 일본어 능력시험 초심자를 위한 상세한 설명과 다량의 확인문제를 수록하고, 중·고급 학습자들을 위해 난이도 있는 실전문제를 다루었습니다. 또한 혼자서도 충분히 합격할 수 있도록, 상세한 해설을 첨부하였습니다. 시중에 일본어능력시험 수험서는 많이 있지만, 학습자들이 원하는 부분을 콕 집어 효율적인 학습을 할 수 있는 교재는 그다지 많지 않습니다.

이러한 점을 고려하여 본 JLPT연구모임에서는 수년간의 분석을 통해 적중률과 난이도를 연구하여, 일본어능력시험을 준비하는 학습자가 이 책 한 권이면 충분하다고 느낄 정도의 내용과 문제를 실었습니다. 한 문제 한 문제 꼼꼼하게 풀어 보시고, 일본어능력시험에 꼭 합격하시기를 진심으로 기원합니다.

JLPT연구모임

1 교시 언어지식(문자・어휘・문법)/독해

문자・어휘

출제 빈도순 어휘 ➡ 기출어휘 ➡ 확인문제

1교시 문자・어휘 파트에서는 문제 유형별 출제 빈도순으로 1순위부터 3순위까지 정리하여 어휘를 제시한다. 가장 많이 출제되고 있는 1자 한자부터, 동작성 명사, 형용사, 동사, 닮은꼴 한자, 명사순으로 어휘를 학습한 후, 확인문제를 풀어보면서 확인하고, 확인문제를 학습 후에는 실전문제를 풀면서 총정리를 한다. 각 유형별로 제시한 어휘에는 최근 출제되었던 단어를 표기해 놓았다.

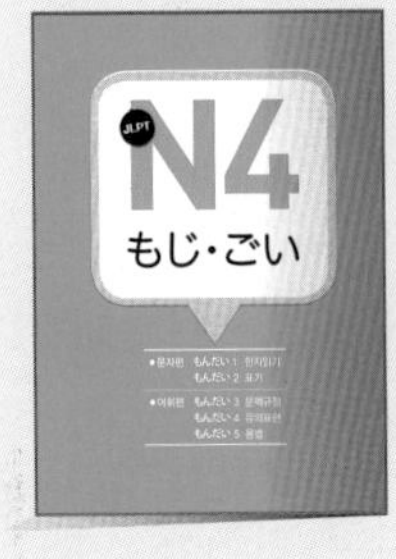

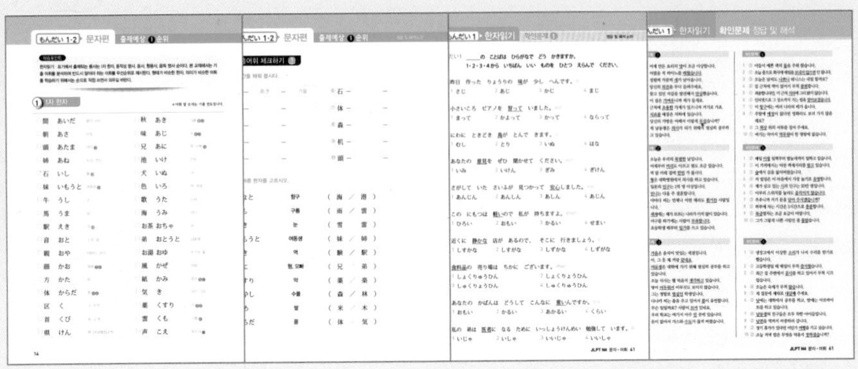

문법

기초문법 ➡ 필수문법 ➡ 확인문제

N4 필수 문법과 경어를 학습하고 확인 문제를 차근차근 풀며 체크할 수 있도록 다량의 문제를 실어 놓았으며, 처음 시작하는 초보자를 위해 시험에 자주 등장하는 기초문법을 수록해 놓았다. 확인문제까지 학습한 뒤에는 난이도 있는 문제를 풀며 실전에 대비할 수 있도록 했다.

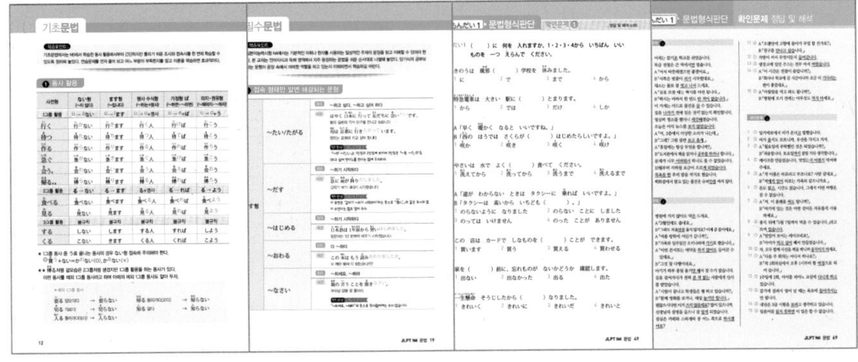

독해

독해의 비결 ➡ 영역별 확인문제

이제 더 이상 문자・어휘・문법에만 집중해서는 안 된다. 과목별 과락이라는 제도가 생기면서, 독해와 청해의 비중이 높아졌기 때문에 모든 영역을 균형있게 학습해야 한다. 본 교재에서는 독해의 비결을 통해, 글을 분석할 수 있는 노하우를 담았다. 문제만 많이 푼다고 해서 점수가 잘 나오는 것이 아니므로, 원리를 잘 파악해 보자.

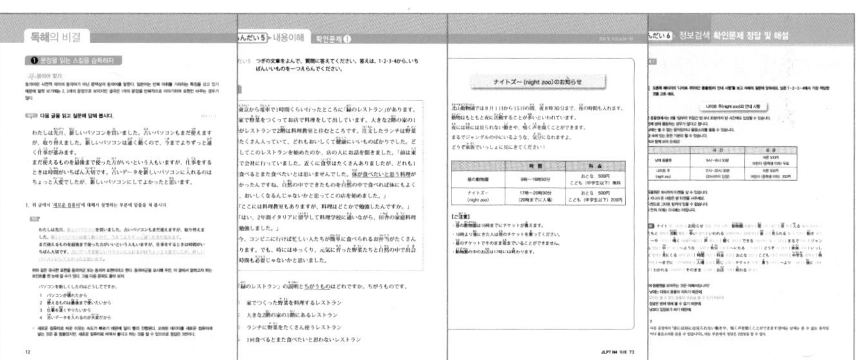

2 교시 청해

청해의 비결 ➡ 영역별 확인문제

독해와 함께 청해의 비중도 높아졌으며, 단어 하나하나의 의미를 꼼꼼히 듣는 문제보다는 상담・준비・설명・소개・코멘트・의뢰・허가 등 어떤 주제로 회화가 이루어지는지, 또한 칭찬・격려・질책・변명・걱정 등 어떤 장면인지를 파악해야 하는 문제들이 출제되고 있다. 이에 본 교재는 다양한 주제를 접할 수 있도록 구성하였다.

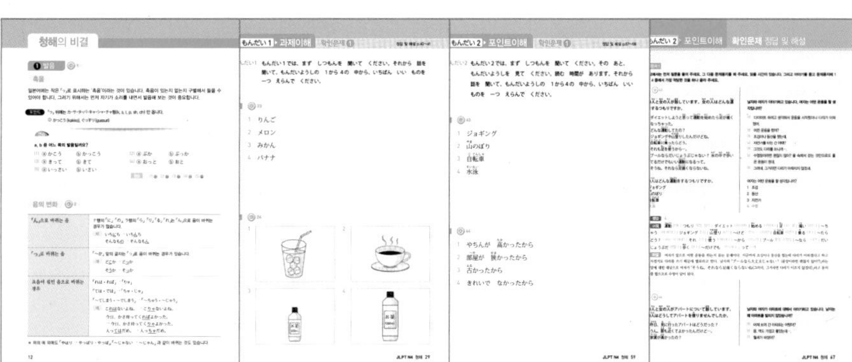

실전모의테스트 3회분 (영역별 2회분 + 온라인 종합 1회분)

질로 승부한다!

JLPT연구모임에서는 몇 년 동안 완벽한 분석을 통해 적중률과 난이도를 조정하여, 실전모의테스트를 제작하였다. 혼자서도 공부할 수 있도록 자세한 해설을 수록해 놓았다.

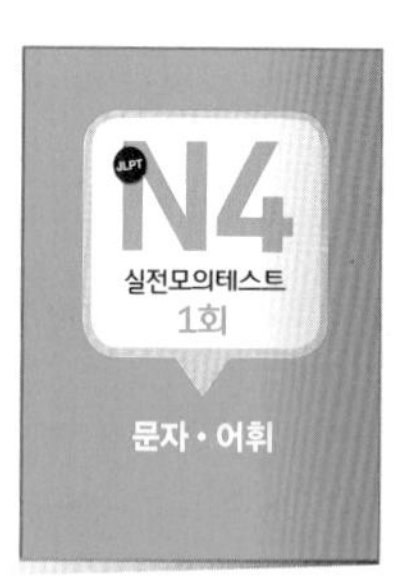

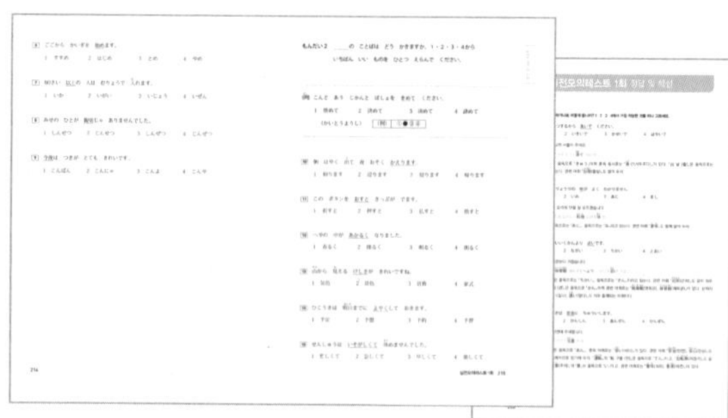

무료 동영상 해설 강의

1타 강사들의 명쾌한 실전모의테스트 해설 특강!!

언제 어디서나 꼼꼼하게 능력시험을 대비할 수 있도록 동영상 강의를 제작하였다. 질 좋은 문제와 명쾌한 해설로 실전에 대비하길 바란다.

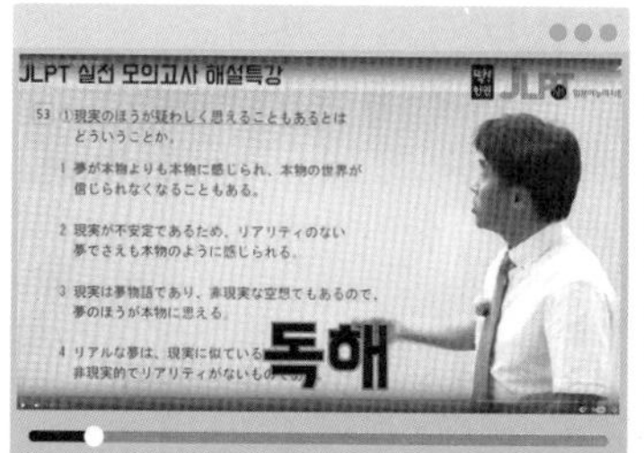

차례

문자・어휘

실전모의테스트

일본어능력시험 개요

1 시험과목과 시험시간

레벨	시험과목 (시험시간)		
N1	언어지식 (문자・어휘・문법)・독해 (110분)		청해 (60분)
N2	언어지식 (문자・어휘・문법)・독해 (105분)		청해 (50분)
N3	언어지식 (문자・어휘) (30분)	언어지식 (문법)・독해 (70분)	청해 (45분)
N4	언어지식 (문자・어휘) (25분)	언어지식 (문법)・독해 (55분)	청해 (40분)
N5	언어지식 (문자・어휘) (20분)	언어지식 (문법)・독해 (40분)	청해 (35분)

2 시험점수

레벨	배점구분	득점범위
N1	언어지식(문자・어휘・문법)	0~60
	독해	0~60
	청해	0~60
	종합배점	0~180
N2	언어지식(문자・어휘・문법)	0~60
	독해	0~60
	청해	0~60
	종합배점	0~180
N3	언어지식(문자・어휘・문법)	0~60
	독해	0~60
	청해	0~60
	종합배점	0~180
N4	언어지식(문자・어휘・문법)・독해	0~120
	청해	0~60
	종합배점	0~180
N5	언어지식(문자・어휘・문법)・독해	0~120
	청해	0~60
	종합배점	0~180

3 합격점과 합격 기준점

N4의 합격점은 90점이며, 과목별 합격 기준점은 언어지식・독해 38점, 청해 19점입니다.

4 문제유형

Ⅰ. 언어지식(문자 · 어휘 · 문법) Ⅱ. 독해 Ⅲ. 청해

<table>
<tr><th colspan="2">시험과목</th><th>큰 문제</th><th>예상 문항 수</th><th>문제 내용</th><th>적정 예상 풀이 시간</th><th>파트별 소요 예상 시간</th><th>대책</th></tr>
<tr><td rowspan="5">언어 지식 (25분)</td><td rowspan="5">문자 · 어휘</td><td>문제 1</td><td>9</td><td>한자 읽기 문제</td><td>3분</td><td rowspan="5">문자・어휘 15분</td><td rowspan="5">문자・어휘 파트의 시험시간은 25분으로 문제 푸는 시간을 15분 정도로 생각하면 시간은 충분하다. 나머지 10분 동안 마킹과 점검을 하면 된다.</td></tr>
<tr><td>문제 2</td><td>6</td><td>한자 쓰기 문제</td><td>3분</td></tr>
<tr><td>문제 3</td><td>10</td><td>문맥에 맞는 적절한 어휘 고르는 문제</td><td>6분</td></tr>
<tr><td>문제 4</td><td>5</td><td>주어진 어휘와 비슷한 의미의 어휘를 찾는 문제</td><td>3분</td></tr>
<tr><td>문제 5</td><td>5</td><td>제시된 어휘의 의미가 올바르게 쓰였는지를 묻는 문제</td><td>5분</td></tr>
<tr><td rowspan="6">언어 지식 • 독해 (55분)</td><td rowspan="3">문법</td><td>문제 1</td><td>15</td><td>문장의 내용에 맞는 문형표현 즉 기능어를 찾아서 넣는 문제</td><td>6분</td><td rowspan="3">문법 18분</td><td rowspan="6">총 55분 중에서 문제 푸는 시간 45분, 나머지 10분 동안 마킹과 마지막 점검을 하면 된다.</td></tr>
<tr><td>문제 2</td><td>5</td><td>나열된 단어를 의미에 맞게 조합하는 문제</td><td>5분</td></tr>
<tr><td>문제 3</td><td>5</td><td>글의 흐름에 맞는 문법 찾아내기 문제</td><td>7분</td></tr>
<tr><td rowspan="3">독해</td><td>문제 4</td><td>4</td><td>단문(100~200자 정도) 이해</td><td>10분</td><td rowspan="3">독해 27분</td></tr>
<tr><td>문제 5</td><td>4</td><td>중문(450자 정도) 이해</td><td>10분</td></tr>
<tr><td>문제 6</td><td>2</td><td>400자 정도의 글을 읽고 필요한 정보 찾기</td><td>7분</td></tr>
<tr><td colspan="2" rowspan="4">청해 (40분)</td><td>문제 1</td><td>8</td><td>과제 해결에 필요한 정보를 듣고 나서 무엇을 해야 하는지 찾아내기</td><td>약 12분 (한 문항당 약 1분 30초)</td><td colspan="2" rowspan="4">총 40분 중에서 문제 푸는 시간은 대략 35분 될 것으로 예상한다. 나머지 시간은 질문 읽는 시간과 문제 설명이 될 것으로 예상한다.
마킹할 시간이 따로 주어지지 않기 때문에 반드시 마킹을 하면서 듣기 문제를 풀어야 한다.</td></tr>
<tr><td>문제 2</td><td>7</td><td>대화나 혼자 말하는 내용을 듣고 포인트 파악하기</td><td>약 13분 25초 (한 문항당 약 1분 55초)</td></tr>
<tr><td>문제 3</td><td>5</td><td>그림을 보면서 상황 설명을 듣고 화살표가 가리키는 인물의 대답 찾기</td><td>약 2분 40초 (한 문항당 약 40초)</td></tr>
<tr><td>문제 5</td><td>8</td><td>짧은 문장을 듣고 그에 맞는 적절한 응답 찾기</td><td>약 4분 30초 (한 문항당 약 30초)</td></tr>
</table>

문법 접속 활용표

〈활용형과 품사의 기호〉

활용형과 품사의 기호	예
명사	雪
동사 사전형	持つ・見る・する・来る
동사 ます형	持ち~~ます~~・見~~ます~~・し~~ます~~・来~~ます~~
동사 ない형	持た~~ない~~・見~~ない~~・し~~ない~~・来~~ない~~
동사 て형	持って・見て・して・来て
동사 た형	持った・見た・した・来た
동사 의지형	持とう・見よう・しよう・来よう
동사 가정형	持てば・見れば・すれば・来れば
동사 명령형	持て・見ろ・しろ・来い
イ형용사 사전형	暑い
イ형용사 어간	暑~~い~~
イ형용사 て형	暑くて
ナ형용사 사전형	丈夫だ
ナ형용사 어간	丈夫~~だ~~
ナ형용사 て형	丈夫で
する동사의 명사형	散歩・運動・料理 등 [する]를 뒤에 붙일 수 있는 명사

〈접속방법 표시 예〉

[보통형]

동사	聞く	聞かない	聞いた	聞かなかった
イ형용사	暑い	暑くない	暑かった	暑くなかった
ナ형용사	上手だ	上手ではない	上手だった	上手ではなかった
명사	学生だ	学生ではない	学生だった	学生ではなかった

[명사수식형]

동사	聞く	聞かない	聞いた	聞かなかった
イ형용사	暑い	暑くない	暑かった	暑くなかった
ナ형용사	上手な	上手ではない	上手だった	上手ではなかった
명사	学生の	学生ではない	学生だった	学生ではなかった

JLPT

N4

もじ・ごい

● 문자편 もんだい 1 한자읽기
もんだい 2 표기

● 어휘편 もんだい 3 문맥규정
もんだい 4 유의표현
もんだい 5 용법

JLPT

N4

もじ

문자편

- もんだい 1 한자읽기
- もんだい 2 표기

학습포인트

한자읽기 · 표기에서 출제되는 품사는 1자 한자, 동작성 명사, 형용사, 동사, 닮은꼴 한자, 음독 명사 순이다. 본 교재에서는 기출 어휘를 분석하여 반드시 알아야 하는 어휘를 우선순위로 제시한다. 형태가 비슷한 한자, 의미가 비슷한 어휘를 학습하기 위해서는 손으로 직접 쓰면서 외우길 바란다.

❶ 1자 한자

※어휘 옆 숫자는 기출 연도입니다.

□ 間	あいだ	동안, 사이	□ 秋	あき	가을 ⑪⑮
□ 朝	あさ	아침	□ 味	あじ	맛 ⑬⑮
□ 頭	あたま	머리 ⑮	□ 兄	あに	형, 오빠 ⑫
□ 姉	あね	누나, 언니	□ 池	いけ	연못
□ 石	いし	돌 ⑪	□ 犬	いぬ	개
□ 妹	いもうと	여동생 ⑬	□ 色	いろ	색, 색깔
□ 牛	うし	소	□ 歌	うた	노래
□ 馬	うま	말	□ 海	うみ	바다
□ 駅	えき	역 ⑪	□ お茶	おちゃ	차
□ 音	おと	소리, 음	□ 弟	おとうと	남동생
□ 親	おや	어버이, 부모	□ お湯	おゆ	뜨거운 물
□ 顔	かお	얼굴 ⑭⑱	□ 風	かぜ	바람
□ 方	かた	분	□ 紙	かみ	종이 ⑫⑱
□ 体	からだ	몸 ⑬⑯	□ 気	き	정신, 기운
□ 区	く	구, 지역	□ 薬	くすり	약 ⑬⑭
□ 首	くび	목, 고개	□ 雲	くも	구름 ⑬
□ 県	けん	현 (지방행정구역)	□ 声	こえ	목소리 ⑯

□氷	こおり	얼음 ⑭	□心	こころ	마음
□事	こと	일, 것	□ご飯	ごはん	밥, 식사
□米	こめ	쌀	□魚	さかな	물고기, 생선
□市	し	시(지방행정구역)	□字	じ	글씨 ⑩
□席	せき	자리	□線	せん	선
□空	そら	하늘	□畳	たたみ	다다미
□力	ちから	힘	□机	つくえ	책상 ⑫
□寺	てら	절	□都	と	도(지방행정구역)
□度	ど	(온)도	□所	ところ	곳
□鳥	とり	새 ⑰	□夏	なつ	여름 ⑱
□西	にし	서쪽	□花	はな	꽃
□話	はなし	이야기	□林	はやし	수풀, 숲 ⑭⑲
□春	はる	봄	□光	ひかり	빛
□昼	ひる	낮, 정오	□服	ふく	옷
□船	ふね	배	□冬	ふゆ	겨울
□文	ぶん	글, 문장	□町	まち	시가지, 시내
□豆	まめ	콩	□店	みせ	가게
□港	みなと	항구 ⑪	□耳	みみ	귀
□村	むら	마을	□目	め	눈
□森	もり	숲 ⑫	□門	もん	문
□役	やく	역할, 임무	□雪	ゆき	눈 ⑪
□夜	よる	밤	□私	わたし(わたくし)	나, 저

기출어휘 체크하기 ❶

❶ 빈칸을 채워 봅시다.

① 秋 —	あき	가을
② 顔 —		
③ 紙 —		
④ 氷 —		
⑤ 味 —		
⑥ 石 —		
⑦ 体 —		
⑧ 森 —		
⑨ 机 —		
⑩ 頭 —		

❷ 올바른 한자를 고르시오.

① みなと	항구	(海 ／ 港)
② くも	구름	(雨 ／ 雲)
③ ゆき	눈	(雪 ／ 雷)
④ いもうと	여동생	(妹 ／ 姉)
⑤ えき	역	(験 ／ 駅)
⑥ あに	형, 오빠	(兄 ／ 弟)
⑦ くすり	약	(薬 ／ 楽)
⑧ はやし	수풀	(森 ／ 林)
⑨ こめ	쌀	(米 ／ 木)
⑩ からだ	몸	(体 ／ 気)

2 동작성 명사

※어휘 옆 숫자는 기출 연도입니다.

□ 安心	あんしん	안심 ⑫⑮	□ 意味	いみ	의미
□ 運転	うんてん	운전 ⑬	□ 運動	うんどう	운동
□ 営業	えいぎょう	영업 ⑩⑬⑱	□ 帰国	きこく	귀국 ⑱
□ 計画	けいかく	계획 ⑮	□ 経験	けいけん	경험 ⑪
□ 研究	けんきゅう	연구 ⑫⑮	□ 見物	けんぶつ	구경
□ 工事	こうじ	공사 ⑫	□ 作文	さくぶん	작문
□ 散歩	さんぽ	산책	□ 試合	しあい	시합 ⑭
□ 試験	しけん	시험	□ 仕事	しごと	일 ⑫
□ 質問	しつもん	질문	□ 授業	じゅぎょう	수업
□ 出席	しゅっせき	출석	□ 出発	しゅっぱつ	출발 ⑪
□ 食事	しょくじ	식사 ⑫	□ 心配	しんぱい	걱정
□ 生産	せいさん	생산 ⑱	□ 説明	せつめい	설명 ⑩
□ 世話	せわ	도와줌, 보살핌, 신세 ⑬⑭⑯			
□ 洗濯	せんたく	세탁	□ 注意	ちゅうい	주의
□ 中止	ちゅうし	중지	□ 入院	にゅういん	입원 ⑫⑯
□ 発音	はつおん	발음	□ 反対	はんたい	반대 ⑫⑬
□ 用意	ようい	준비	□ 旅行	りょこう	여행 ⑬

기출어휘 체크하기 2

1 빈칸을 채워 봅시다.

① 営業 —	えいぎょう —	영업
② 経験 —	—	
③ 作文 —	—	
④ 授業 —	—	
⑤ 世話 —	—	
⑥ 安心 —	—	
⑦ 旅行 —	—	
⑧ 計画 —	—	
⑨ 意味 —	—	
⑩ 研究 —	—	

2 올바른 한자를 고르시오.

① せんたく	세탁	(洗濯 ／ 洗港)
② うんてん	운전	(運動 ／ 運転)
③ しごと	일	(仕事 ／ 任事)
④ はんたい	반대	(反対 ／ 反代)
⑤ えいぎょう	영업	(営業 ／ 営美)
⑥ にゅういん	입원	(人院 ／ 入院)
⑦ しあい	시합	(試合 ／ 試会)
⑧ さんぽ	산책	(散走 ／ 散歩)
⑨ しゅっぱつ	출발	(出廃 ／ 出発)
⑩ せつめい	설명	(説明 ／ 記明)

3 い형용사

※어휘 옆 숫자는 기출 연도입니다.

□ 青い	あおい	파랗다 ⑪	□ 赤い	あかい	빨갛다 ⑬
□ 明るい	あかるい	밝다 ⑫	□ 新しい	あたらしい	새롭다
□ 暑い	あつい	덥다	□ 厚い	あつい	두껍다
□ 熱い	あつい	뜨겁다	□ 痛い	いたい	아프다 ⑯
□ おいしい		맛있다	□ 多い	おおい	많다
□ 重い	おもい	무겁다 ⑫⑭	□ 辛い	からい	맵다
□ 軽い	かるい	가볍다 ⑫⑭⑰			
□ 暗い	くらい	어둡다 ⑫⑬⑭⑱			
□ 黒い	くろい	검다 ⑮	□ 寒い	さむい	춥다 ⑭⑰
□ 少ない	すくない	적다	□ 正しい	ただしい	바르다, 옳다
□ 楽しい	たのしい	즐겁다 ⑭	□ 近い	ちかい	가깝다
□ 強い	つよい	세다, 강하다 ⑬	□ 遠い	とおい	멀다 ⑩⑮
□ 眠い	ねむい	졸리다 ⑪	□ 早い	はやい	이르다
□ 速い	はやい	빠르다	□ 低い	ひくい	낮다
□ 広い	ひろい	넓다	□ 太い	ふとい	굵다
□ 古い	ふるい	오래되다	□ 短い	みじかい	짧다
□ 安い	やすい	싸다	□ 弱い	よわい	약하다 ⑩⑱
□ 悪い	わるい	나쁘다			

4 な형용사

□ 同じだ	おなじだ	같다, 동일하다
□ 元気だ	げんきだ	건강하다, 활발하다
□ 静かだ	しずかだ	조용하다, 평온하다 ⑫
□ 十分だ	じゅうぶんだ	충분하다 ⑪⑫
□ 親切だ	しんせつだ	친절하다
□ 好きだ	すきだ	좋아하다
□ 大切だ	たいせつだ	중요하다, 소중하다 ⑭
□ 特別だ	とくべつだ	특별하다 ⑰
□ 熱心だ	ねっしんだ	열심이다 ⑭
□ 不便だ	ふべんだ	불편하다 ⑭⑯
□ 便利だ	べんりだ	편리하다 ⑪
□ 無理だ	むりだ	무리하다
□ 有名だ	ゆうめいだ	유명하다

기출어휘 체크하기 3

1 빈칸을 채워 봅시다.

① 重い	—	おもい	—	무겁다
② 静かだ	—		—	
③ 楽しい	—		—	
④ 暗い	—		—	
⑤ 十分だ	—		—	
⑥ 遠い	—		—	
⑦ 弱い	—		—	
⑧ 軽い	—		—	
⑨ 大切だ	—		—	
⑩ 強い	—		—	

2 올바른 한자를 고르시오.

① とおい　멀다　(近い ／ 遠い)

② あかい　빨갛다　(跡い ／ 赤い)

③ ふべんだ　불편하다　(不便だ ／ 不硬だ)

④ くろい　검다　(黒い ／ 悪い)

⑤ あかるい　밝다　(赤るい ／ 明るい)

⑥ さむい　춥다　(寒い ／ 塞い)

⑦ みじかい　짧다　(短い ／ 長い)

⑧ いたい　아프다　(頭い ／ 痛い)

⑨ ねむい　졸리다　(寝い ／ 眠い)

⑩ あおい　파랗다　(青い ／ 晴い)

학습포인트

한자읽기 · 표기에서 두 번째로 자주 출제되는 품사는 동사이다. 문자 · 어휘에서 뿐만 아니라 문법, 독해, 청해 분야에서도 중요한 역할을 하기때문에, 꼼꼼하게 외워 두어야한다. 또한 효율적으로 한자를 익힐 수 있도록 2순위 어휘로 한자의 음, 훈 그리고 의미가 비슷한 한자만을 분석하여, 닮은 꼴 한자로 정리해 놓았다.

1 동사

う

※어휘 옆 숫자는 기출 연도입니다.

□会う	あう	만나다	□合う	あう	맞다, 어울리다
□洗う	あらう	씻다, 빨래하다	□言う	いう	말하다
□歌う	うたう	부르다	□行う	おこなう	행하다 ⑯
□思う	おもう	생각하다	□買う	かう	사다
□通う	かよう	다니다	□使う	つかう	사용하다
□習う	ならう	배우다 ⑭⑰	□間に合う	まにあう	시간에 늦지 않게 맞추다 ⑫

く·ぐ

□空く	あく	비다	□開く	あく	열리다
□歩く	あるく	걷다 ⑪	□動く	うごく	움직이다 ⑫⑭
□置く	おく	놓다, 두다	□聞く	きく	듣다, 묻다
□着く	つく	도착하다 ⑮	□働く	はたらく	일하다
□引く	ひく	당기다	□開く	ひらく	열리다, 개최되다 ⑬
□急ぐ	いそぐ	서두르다 ⑬⑮	□泳ぐ	およぐ	헤엄치다 ⑭⑮

す

□動きだす	うごきだす	움직이기 시작하다	□写す	うつす	베끼다, 찍다

□ 起こす	おこす	일으키다	□ 押す	おす	밀다, 누르다 ⑬
□ 思い出す	おもいだす	생각해 내다, 생각나다	□ 返す	かえす	돌려주다, 반납하다
□ 貸す	かす	빌려 주다 ⑮			

つ

□ 立つ	たつ	서다	□ 建つ	たつ	(건물이) 세워지다
□ 待つ	まつ	기다리다 ⑪⑬⑮	□ 持つ	もつ	가지다, 들다

む・ぶ・ぬ

□ 死ぬ	しぬ	죽다	□ 運ぶ	はこぶ	나르다, 운반하다 ⑩
□ 進む	すすむ	진행되다 ⑩⑭	□ 住む	すむ	살다 ⑫⑮
□ 飲む	のむ	마시다			

る

□ 開ける	あける	열다	□ 集まる	あつまる	모이다 ⑰
□ 集める	あつめる	모으다 ⑫	□ 入れる	いれる	넣다
□ 生まれる	うまれる	태어나다	□ 売る	うる	팔다 ⑮
□ 売れる	うれる	팔리다 ⑰	□ 起きる	おきる	일어나다 ⑩⑬
□ 送る	おくる	보내다 ⑩⑪⑬⑭	□ 起こる	おこる	발생하다, 일어나다
□ 教える	おしえる	가르치다 ⑪	□ 終わる	おわる	끝나다 ⑭
□ 帰る	かえる	돌아오다, 돌아가다	□ 数える	かぞえる	(수를) 세다, 계산하다 ⑫
□ 借りる	かりる	빌리다	□ 考える	かんがえる	생각하다 ⑬

□ 決まる	きまる	정해지다 ⑩⑱	□ 決める	きめる	정하다 ⑫
□ 着る	きる	입다	□ 切る	きる	자르다
□ 来る	くる	오다 ⑩	□ 答える	こたえる	대답하다 ⑮
□ 困る	こまる	곤란하다	□ 閉まる	しまる	닫히다
□ 閉める	しめる	닫다	□ 調べる	しらべる	조사하다 ⑭
□ 知る	しる	알다	□ 建てる	たてる	건물을 짓다, 세우다 ⑪
□ 足りる	たりる	충분하다 ⑬⑮	□ 作る	つくる	만들다
□ 出る	でる	나오다	□ 通る	とおる	통하다, 지나가다
□ 閉じる	とじる	닫히다, 끝나다 ⑩⑱	□ 止まる	とまる	(~가) 멈추다, 그치다
□ 止める	とめる	(~을) 멈추다, 세우다	□ 乗る	のる	타다 ⑫
□ 始まる	はじまる	시작되다	□ 始める	はじめる	시작하다 ⑫
□ 走る	はしる	달리다 ⑬⑮	□ 光る	ひかる	빛나다 ⑫⑱
□ 別れる	わかれる	헤어지다			

기출어휘 체크하기 4

1 빈칸을 채워 봅시다.

① 進む	—	すすむ	—	진행되다	⑥ 着く	—		—	
② 考える	—		—		⑦ 急ぐ	—		—	
③ 習う	—		—		⑧ 決まる	—		—	
④ 別れる	—		—		⑨ 借りる	—		—	
⑤ 貸す	—		—		⑩ 着る	—		—	

2 올바른 한자를 고르시오.

① うごく	움직이다	(働く ／ 動く)
② あつめる	모으다	(進める ／ 集める)
③ おしえる	가르치다	(教える ／ 数える)
④ あるく	걷다	(歩く ／ 起く)
⑤ おす	누르다	(引す ／ 押す)
⑥ うる	팔다	(買る ／ 売る)
⑦ おきる	일어나다	(起きる ／ 走る)
⑧ おわる	끝나다	(終わる ／ 紙わる)
⑨ おくる	보내다	(送る ／ 返る)
⑩ たてる	세우다	(健てる ／ 建てる)

기출어휘 체크하기 5

1 빈칸을 채워 봅시다.

① 通う — かよう — 다니다
② 泳ぐ — [ ] — [ ]
③ 運ぶ — [ ] — [ ]
④ 返す — [ ] — [ ]
⑤ 走る — [ ] — [ ]
⑥ 売れる — [ ] — [ ]
⑦ 行う — [ ] — [ ]
⑧ 光る — [ ] — [ ]
⑨ 数える — [ ] — [ ]
⑩ 答える — [ ] — [ ]

2 올바른 한자를 고르시오.

① とじる 닫히다, 끝나다 (閉じる ／ 開じる)
② はじまる 시작되다 (始まる ／ 初まる)
③ すむ 살다 (注む ／ 住む)
④ ひらく 개최되다 (開く ／ 聞く)
⑤ まつ 기다리다 (待つ ／ 持つ)
⑥ のむ 마시다 (飲む ／ 館む)
⑦ とめる 세우다 (止める ／ 泊める)
⑧ つかう 사용하다 (用う ／ 使う)
⑨ あく 비다 (空く ／ 穴く)
⑩ うまれる 태어나다 (性まれる ／ 生まれる)

2 닮은 꼴 한자

※어휘 옆 숫자는 기출 연도입니다.

待 기다릴 **대**	待(ま)つ 기다리다
持 가질 **지**	持(も)つ 들다, 가지다
特 특별할 **특**	特別(とくべつ)だ ⑫ 특별하다
青 푸를 **청**	青(あお)い 푸르다, 파랗다
黒 검을 **흑**	黒(くろ)い 검다
赤 붉을 **적**	赤(あか)い ⑬⑰ 붉다, 빨갛다
白 흰 **백**	白(しろ)い 희다, 결백하다
鳥 새 **조**	鳥(とり) ⑰ 새
島 섬 **도**	島(しま) 섬
枚 낱 **매**	何枚(なんまい) ⑰ 몇 장
冊 책 **책**	何冊(なんさつ) 몇 권
個 낱 **개**	何個(なんこ) 몇 개
台 대 **대**	何台(なんだい) 몇 대
歩 걸음 **보**	歩(ある)く 걷다
走 달릴 **주**	走(はし)る ⑬ 달리다
起 일어날 **기**	起(お)きる ⑬ 일어나다
足 발 **족**	足(た)りない 부족하다
泳 헤엄칠 **영**	泳(およ)ぐ ⑭ 헤엄치다

海 바다 **해**	海(うみ) 바다
港 항구 **항**	空港(くうこう) 공항
注 부을 **주**	注意(ちゅうい) 주의
寝 잠잘 **침**	寝(ね)る 자다
眠 잘 **면**	眠(ねむ)る 자다, 잠들다
雨 비 **우**	雨(あめ) 비
雪 눈 **설**	雪(ゆき) 눈
雲 구름 **운**	雲(くも) 구름
雷 우레 **뢰**	雷(かみなり) 천둥, 벼락
立 설 **립**	立(た)つ 서다, 서 있다
建 세울 **건**	建(た)つ (건물이) 세워지다
経 지날 **경**	経(た)つ (시간이) 경과하다
通 통할 **통**	交通(こうつう) ⑰ 교통
道 길 **도**	道(みち) 길
教 가르칠 **교**	教(おし)える ⑪ 가르치다
数 셈 **수**	数(かぞ)える (수를) 세다
貸 빌릴 **대**	貸(か)す 빌려주다
借 빌릴 **차**	借(か)りる 빌리다

한자	음훈	단어	뜻
返	돌이킬 **반**	返す(かえす)	(빌린 것을) 돌려주다
集	모을 **집**	集まる(あつまる) ⑰	모이다
準	준할 **준**	準備(じゅんび)	준비
動	움직일 **동**	動く(うごく)	움직이다
働	굼닐 **동**	働く(はたらく)	일하다
勤	부지런할 **근**	勤める(つとめる)	근무하다
始	비로소 **시**	始める(はじめる)	시작하다
終	마칠 **종**	終わる(おわる) ⑬	끝나다
開	열 **개**	開く(ひらく) ⑬	(책을) 펼치다, 개최되다
閉	닫을 **폐**	閉まる(しまる)	닫히다
聞	들을 **문**	聞く(きく)	듣다, 묻다
紙	종이 **지**	紙(かみ) ⑫⑱	종이
続	이을 **속**	続く(つづく)	계속되다
薬	약 **약**	薬(くすり)	약
楽	즐거울 **락**	楽しい(たのしい) ⑬	즐겁다
菜	나물 **채**	野菜(やさい) ⑬	채소
果	열매 **과**	果物(くだもの)	과일
菓	과자 **과**	お菓子(おかし)	과자
生	날 **생**	生まれる(うまれる)	태어나다
性	성품 **성**	男性(だんせい) ⑬	남성
姓	성씨 **성**	姓(せい)	성, 성씨
軽	가벼울 **경**	軽い(かるい) ⑰	가볍다
転	구를 **전**	運転(うんてん) ⑬	운전
送	보낼 **송**	送る(おくる) ⑬	보내다
速	빠를 **속**	速い(はやい)	(속도가) 빠르다
押	누를 **압**	押す(おす) ⑬	밀다
引	당길 **인**	引く(ひく)	당기다
音	소리 **음**	音(おと)	소리, 음
暗	어두울 **암**	暗い(くらい) ⑬	어둡다
映	비칠 **영**	映画(えいが) ⑭	영화
英	꽃부리 **영**	英語(えいご)	영어
売	팔 **매**	売れる(うれる) ⑭	팔리다
買	살 **매**	買う(かう)	사다
屋	집 **옥**	本屋(ほんや) ⑭	서점, 책방
室	집 **실**	教室(きょうしつ)	교실
糸	실 **사**	糸(いと)	실
係	맬 **계**	係り(かかり) ⑭	담당 직원
員	인원 **원**	駅員(えきいん)	역무원

정답 및 해석 p.38

기출어휘 체크하기 6

1 올바른 한자를 고르시오.

① とくべつだ	특별하다	(特別だ ／ 待別だ)
② かす	빌려주다	(貸す ／ 借す)
③ くだもの	과일	(果物 ／ 菓物)
④ しろい	하얗다	(百い ／ 白い)
⑤ じゅんび	준비	(準備 ／ 集備)
⑥ たつ	경과하다	(経つ ／ 紙つ)
⑦ とり	새	(島 ／ 鳥)
⑧ つづく	계속되다	(続く ／ 終く)
⑨ なんまい	몇 장	(何枚 ／ 何冊)
⑩ うんてん	운전	(運転 ／ 通転)
⑪ たりない	부족하다	(促りない ／ 足りない)
⑫ えいが	영화	(英画 ／ 映画)
⑬ ねむる	잠들다	(眠る ／ 寝る)
⑭ はやい	빠르다	(送い ／ 速い)
⑮ かかり	담당, 직원	(係り ／ 糸り)

학습포인트

3순위 단어로는 음독명사와 훈독명사, 음과 훈이 섞여있는 명사 등 자주 등장하는 명사를 선별하였다. 명사는 중요하지만 3순위로 다룬 이유는 독해나 청해를 공부하면서 자연스럽게 습득하는 품사이기 때문이다. 어휘는 기계적으로 외우지 말고 확인 문제를 풀어보면서 모르는 단어를 외워나가는 것이 효과적이다.

1 음독명사

※어휘 옆 숫자는 기출 연도입니다.

□以外	いがい	이외	□医学	いがく	의학
□意見	いけん	의견 ⑭⑰	□医者	いしゃ	의사 ⑬
□以上	いじょう	이상	□一度	いちど	한 번 ⑮
□一週間	いっしゅうかん	1주일간	□以内	いない	이내
□映画	えいが	영화 ⑭	□映画館	えいがかん	영화관
□英語	えいご	영어	□駅員	えきいん	역무원 ⑰
□屋上	おくじょう	옥상 ⑫	□お正月	おしょうがつ	설, 정초
□音楽	おんがく	음악	□会社	かいしゃ	회사
□会社員	かいしゃいん	회사원	□会場	かいじょう	회장, 모임 장소
□会話	かいわ	회화	□火事	かじ	화재
□家事	かじ	가사	□家族	かぞく	가족
□漢字	かんじ	한자	□喫茶店	きっさてん	찻집
□気分	きぶん	기분 ⑮	□急行	きゅうこう	급행
□牛肉	ぎゅうにく	소고기	□教室	きょうしつ	교실
□兄弟	きょうだい	형제	□去年	きょねん	작년
□銀行	ぎんこう	은행	□近所	きんじょ	근처 ⑬⑭
□空気	くうき	공기	□空港	くうこう	공항 ⑩

□ 月曜日	げつようび	월요일	□ 研究会	けんきゅうかい	연구회
□ 公園	こうえん	공원	□ 工業	こうぎょう	공업
□ 工場	こうじょう	공장 ⑬	□ 校長	こうちょう	교장
□ 交通	こうつう	교통 ⑫⑰	□ 国語	こくご	국어
□ 国産	こくさん	국산	□ 午後	ごご	오후
□ 今度	こんど	이번, 이 다음 ⑬	□ 今夜	こんや	오늘 밤 ⑭
□ 最近	さいきん	최근	□ 産業	さんぎょう	산업
□ 三色	さんしょく	삼색	□ 辞書	じしょ	사전
□ 時代	じだい	시대			
□ 市町村	しちょうそん	일본의 행정 구획의 명칭(시,읍,면)			
□ 自転車	じてんしゃ	자전거 ⑫⑮	□ 自動車	じどうしゃ	자동차
□ 自分	じぶん	자기, 자신 ⑩	□ 市民	しみん	시민
□ 事務所	じむしょ	사무실	□ 社会	しゃかい	사회
□ 写真	しゃしん	사진	□ 写真家	しゃしんか	사진가
□ 社長	しゃちょう	사장	□ 住所	じゅうしょ	주소 ⑩
□ 主人	しゅじん	남편, 주인	□ 趣味	しゅみ	취미
□ 紹介	しょうかい	소개	□ 小説	しょうせつ	소설 ⑪
□ 食堂	しょくどう	식당 ⑩	□ 食料品	しょくりょうひん	식료품 ⑫⑭⑰
□ 人口	じんこう	인구 ⑫	□ 新聞社	しんぶんしゃ	신문사
□ 水道	すいどう	수도 ⑫	□ 西洋	せいよう	서양
□ 世界	せかい	세계 ⑬	□ 先週	せんしゅう	지난주

□ 祖父	そふ	조부, 할아버지	□ 祖母	そぼ	조모, 할머니
□ 体育	たいいく	체육	□ 大使	たいし	대사
□ 大使館	たいしかん	대사관	□ 台風	たいふう	태풍
□ 男性	だんせい	남성 ⑫⑬	□ 地下鉄	ちかてつ	지하철
□ 地図	ちず	지도	□ 地理	ちり	지리 ⑫
□ 店員	てんいん	점원 ⑪	□ 天気	てんき	날씨
□ 天気予報	てんきよほう	일기예보 ⑭	□ 電話代	でんわだい	전화 요금
□ 東京	とうきょう	도쿄	□ 動物	どうぶつ	동물
□ 動物園	どうぶつえん	동물원	□ 都会	とかい	도회, 도시 ⑱
□ 図書館	としょかん	도서관	□ 特急	とっきゅう	특급 ⑭
□ 土曜日	どようび	토요일	□ 二台	にだい	두 대 ⑫
□ 日記	にっき	일기 ⑪⑮	□ 二度	にど	두 번, 재차
□ 二枚	にまい	두 장 ⑰	□ 人形	にんぎょう	인형
□ 売店	ばいてん	매점	□ 美術	びじゅつ	미술
□ 美術館	びじゅつかん	미술관	□ 病院	びょういん	병원
□ 病気	びょうき	병	□ 文化	ぶんか	문화
□ 文学	ぶんがく	문학	□ 勉強	べんきょう	공부 ⑫
□ 毎回	まいかい	매회, 매번	□ 無料	むりょう	무료
□ 問題	もんだい	문제	□ 野球	やきゅう	야구
□ 野菜	やさい	채소 ⑩⑬⑰	□ 用事	ようじ	용무 ⑮
□ 曜日	ようび	요일	□ 洋服	ようふく	양복

□ 予定	よてい	예정 ⑫⑮⑱	□ 来週	らいしゅう	다음 주
□ 理由	りゆう	이유 ⑬⑮	□ 両親	りょうしん	부모님
□ 料理	りょうり	요리 ⑪	□ 旅館	りょかん	여관 ⑩

2 음 · 훈 혼합명사

□ 父親	ちちおや	부친	□ 茶色	ちゃいろ	갈색
□ 使い方	つかいかた	만드는 방법	□ 手紙	てがみ	편지
□ 出口	でぐち	출구	□ 時計	とけい	시계
□ 荷物	にもつ	짐	□ 場所	ばしょ	장소 ⑪
□ 昼ご飯	ひるごはん	점심, 점심 식사 ⑮⑱	□ 別の日	べつのひ	다른 날
□ 本屋	ほんや	책방, 서점 ⑭	□ 夕飯	ゆうはん	저녁 식사, 저녁밥

기출어휘 체크하기 7

1 빈칸을 채워 봅시다.

① 近所	きんじょ	근처		
② 意見				
③ 自転車				
④ 住所				
⑤ 工場				
⑥ 店員				
⑦ 人口				
⑧ 気分				
⑨ 小説				
⑩ 特急				

2 올바른 한자를 고르시오.

① ようじ 용무 （ 仕事 ／ 用事 ）

② りょうり 요리 （ 料理 ／ 科理 ）

③ ほんや 서점 （ 本室 ／ 本屋 ）

④ ばしょ 장소 （ 場所 ／ 近所 ）

⑤ にっき 일기 （ 日曜 ／ 日記 ）

⑥ だんせい 남성 （ 男性 ／ 男姓 ）

⑦ やさい 채소 （ 野菜 ／ 野米 ）

⑧ こうつう 교통 （ 校通 ／ 交通 ）

⑨ べんきょう 공부 （ 勉強 ／ 逸強 ）

⑩ おくじょう 옥상 （ 屋上 ／ 屋所 ）

3 훈독명사

※어휘 옆 숫자는 기출 연도입니다.

□ 赤ちゃん	あかちゃん	아기	□ 暑さ	あつさ	더위
□ 行き方	いきかた	가는 법	□ 入口	いりぐち	입구
□ 上着	うわぎ	겉옷	□ お兄さん	おにいさん	형님, 오빠
□ お姉さん	おねえさん	언니, 누나, 누님	□ 帰り	かえり	귀갓길
□ 係	かかり	담당, 관계 ⑭	□ 書き方	かきかた	쓰는 법
□ 代わり	かわり	대리, 대신	□ 考え方	かんがえかた	사고방식
□ 切手	きって	우표	□ 着物	きもの	일본 전통의 옷, 기모노
□ 薬屋	くすりや	약국	□ 今朝	けさ	오늘 아침
□ 答え	こたえ	대답	□ 今年	ことし	올해, 금년
□ 品物	しなもの	물건, 상품	□ 建物	たてもの	건물
□ 食べ物	たべもの	음식	□ 近く	ちかく	근처, 가까운 곳
□ 都合	つごう	형편, 사정	□ 遠く	とおく	먼 곳, 멀리
□ 通り	とおり	길	□ 場合	ばあい	경우, 사정
□ 母親	ははおや	모친, 어머니	□ 引き出し	ひきだし	서랍
□ 昼ごろ	ひるごろ	정오 무렵	□ 昼休み	ひるやすみ	점심 시간
□ 広場	ひろば	광장	□ 部屋	へや	방
□ 山道	やまみち	산길	□ 夕方	ゆうがた	저녁 무렵 ⑪
□ 夕べ	ゆうべ	어젯밤			

정답 및 해석 p.38

기출어휘 체크하기 ⑧

❶ 빈칸을 채워 봅시다.

① 薬屋	くすりや	약국		⑪ 着物			
② 切手				⑫ 入口			
③ お姉さん				⑬ 夕方			
④ 母親				⑭ 品物			
⑤ 係り				⑮ お兄さん			
⑥ 毎朝				⑯ 山道			
⑦ 今朝				⑰ 暑さ			
⑧ 今年				⑱ 遠く			
⑨ 答え				⑲ 引き出し			
⑩ 近く				⑳ 代わり			

もんだい 1·2 문자편 기출어휘 체크하기 정답 및 해석

기출어휘 체크하기 1

문제 1

① 秋 ─ あき ─ 가을
② 顔 ─ かお ─ 얼굴
③ 紙 ─ かみ ─ 종이
④ 氷 ─ こおり ─ 얼음
⑤ 味 ─ あじ ─ 맛
⑥ 石 ─ いし ─ 돌
⑦ 体 ─ からだ ─ 몸
⑧ 森 ─ もり ─ 숲
⑨ 机 ─ つくえ ─ 책상
⑩ 頭 ─ あたま ─ 머리

문제 2

① 港 ② 雲 ③ 雪
④ 妹 ⑤ 駅 ⑥ 兄
⑦ 薬 ⑧ 林 ⑨ 米
⑩ 体

기출어휘 체크하기 2

문제 1

① 営業 ─ えいぎょう ─ 영업
② 経験 ─ けいけん ─ 경험
③ 作文 ─ さくぶん ─ 작문
④ 授業 ─ じゅぎょう ─ 수업
⑤ 世話 ─ せわ ─ 신세
⑥ 安心 ─ あんしん ─ 안심
⑦ 旅行 ─ りょこう ─ 여행
⑧ 計画 ─ けいかく ─ 계획
⑨ 意味 ─ いみ ─ 의미
⑩ 研究 ─ けんきゅう ─ 연구

문제 2

① 洗濯 ② 運転 ③ 仕事
④ 反対 ⑤ 営業 ⑥ 入院
⑦ 試合 ⑧ 散歩 ⑨ 出発
⑩ 説明

기출어휘 체크하기 3

문제 1

① 重い ─ おもい ─ 무겁다
② 静かだ ─ しずかだ ─ 조용하다
③ 楽しい ─ たのしい ─ 즐겁다
④ 暗い ─ くらい ─ 어둡다
⑤ 十分だ ─ じゅうぶんだ ─ 충분하다
⑥ 遠い ─ とおい ─ 멀다
⑦ 弱い ─ よわい ─ 약하다
⑧ 軽い ─ かるい ─ 가볍다
⑨ 大切だ ─ たいせつだ ─ 중요하다
⑩ 強い ─ つよい ─ 강하다

문제 2

① 遠い ② 赤い ③ 不便だ
④ 黒い ⑤ 明るい ⑥ 寒い
⑦ 短い ⑧ 痛い ⑨ 眠い
⑩ 青い

기출어휘 체크하기 4

문제 1

① 進む ─ すすむ ─ 진행되다
② 考える ─ かんがえる ─ 생각하다
③ 習う ─ ならう ─ 배우다
④ 別れる ─ わかれる ─ 헤어지다
⑤ 貸す ─ かす ─ 빌려주다
⑥ 着く ─ つく ─ 도착하다
⑦ 急ぐ ─ いそぐ ─ 서두르다
⑧ 決まる ─ きまる ─ 정해지다
⑨ 借りる ─ かりる ─ 빌리다
⑩ 着る ─ きる ─ 입다

문제 2

① 動く ② 集める ③ 教える
④ 歩く ⑤ 押す ⑥ 売る
⑦ 起きる ⑧ 終わる ⑨ 送る
⑩ 建てる

기출어휘 체크하기 5

문제 1

① 通う — かよう — 다니다
② 泳ぐ — およぐ — 헤엄치다
③ 運ぶ — はこぶ — 운반하다
④ 返す — かえす — 반납하다
⑤ 走る — はしる — 달리다
⑥ 売れる — うれる — 팔리다
⑦ 行う — おこなう — 행하다
⑧ 光る — ひかる — 빛나다
⑨ 数える — かぞえる — 수를 세다
⑩ 答える — こたえる — 대답하다

문제 2

① 閉じる ② 始まる ③ 住む
④ 開く ⑤ 待つ ⑥ 飲む
⑦ 止める ⑧ 使う ⑨ 空く
⑩ 生まれる

기출어휘 체크하기 6

문제 1

① 特別だ ② 貸す ③ 果物
④ 白い ⑤ 準備 ⑥ 経つ
⑦ 鳥 ⑧ 続く ⑨ 何枚
⑩ 運転 ⑪ 足りない ⑫ 映画
⑬ 眠る ⑭ 速い ⑮ 係り

기출어휘 체크하기 7

문제 1

① 近所 — きんじょ — 근처
② 意見 — いけん — 의견
③ 自転車 — じてんしゃ — 자전거
④ 住所 — じゅうしょ — 주소
⑤ 工場 — こうじょう — 공장
⑥ 店員 — てんいん — 점원
⑦ 人口 — じんこう — 인구
⑧ 気分 — きぶん — 기분
⑨ 小説 — しょうせつ — 소설
⑩ 特急 — とっきゅう — 특급

문제 2

① 用事 ② 料理 ③ 本屋 ④ 場所 ⑤ 日記
⑥ 男性 ⑦ 野菜 ⑧ 交通 ⑨ 勉強 ⑩ 屋上

기출어휘 체크하기 8

문제 1

① 薬屋 — くすりや — 약국
② 切手 — きって — 우표
③ お姉さん — おねえさん — 언니, 누나, 누님
④ 母親 — ははおや — 모친
⑤ 係り — かかり — 담당, 관계
⑥ 毎朝 — まいあさ — 매일 아침
⑦ 今朝 — けさ — 오늘 아침
⑧ 今年 — ことし — 올해
⑨ 答え — こたえ — 대답
⑩ 近く — ちかく — 근처
⑪ 着物 — きもの — 일본 전통의 옷
⑫ 入口 — いりぐち — 입구
⑬ 夕方 — ゆうがた — 저녁 무렵
⑭ 品物 — しなもの — 물건
⑮ お兄さん — おにいさん — 오빠, 형
⑯ 山道 — やまみち — 산길
⑰ 暑さ — あつさ — 더위
⑱ 遠く — とおく — 먼 곳
⑲ 引き出し — ひきだし — 서랍, 인출
⑳ 代わり — かわり — 대신

| M | E | M | O |

もんだい 1 한자읽기

문제유형 한자읽기(9문항)

한자로 쓰인 글자의 읽는 법을 찾는 문제로 선택지에서 히라가나 표기 중 맞는 것을 고르는 문제이다.

もんだい1 ＿＿＿＿＿ のことばは　ひらがなで　どう　かきますか。
1・2・3・4から　いちばん　いい　ものを　ひとつ
えらんで　ください。

1　ここは　駅から　<u>遠くて</u>、ふべんです。

1 おおくて　　2 とうくて　　3 とおくて　　4 おもくて

1	① ② ● ④

포인트

〈もんだい1〉에는 훈독, 음독, 음독과 훈독이 합쳐진 음 · 훈독 혼합 한자가 골고루 출제될 것으로 예상한다. 특히 훈독은 1자 한자어, 음독은 2자 한자어를 중심으로 출제된다. 그리고 명사를 중심으로 출제되는 경향이 있으므로 철저한 학습이 요구된다.

학습요령

명사로 된 한자를 잡아야 한다. 음독 한자는 명사를, 훈독 한자는 1자 한자와 동사를 중심으로 공부하면 된다.

정답 및 해석 p.61

もんだい1 ＿＿＿の　ことばは　ひらがなで　どう　かきますか。
1・2・3・4から　いちばん　いい　ものを　ひとつ　えらんで　ください。

1 昨日　作った　りょうりの　味が　少し　へんです。⑮
1 さじ　2 あじ　3 かじ　4 まじ

2 小さいころ　ピアノを　習って　いました。⑭⑰
1 まって　2 かよって　3 かって　4 ならって

3 にわに　ときどき　鳥が　とんで　きます。⑰
1 むし　2 とり　3 いぬ　4 はな

4 あなたの　意見を　ぜひ　聞かせて　ください。⑭⑰
1 いみ　2 いけん　3 ぎみ　4 ぎけん

5 さがして　いた　さいふが　見つかって　安心しました。⑫⑮
1 あんじん　2 あんしん　3 あしん　4 あじん

6 この　にもつは　軽いので　私が　持ちますよ。⑫⑭⑰
1 ひろい　2 おもい　3 かるい　4 せまい

7 近くに　静かな　店が　あるので、　そこに　行きましょう。⑫
1 しすかな　2 しすがな　3 しずかな　4 しずがな

8 食料品の　売り場は　ちかに　ございます。⑫⑭⑰
1 しょくりゅうひん　2 しょくりょうひん
3 しゅくりょうひん　4 しゅくりゅうひん

9 あなたの　かばんは　どうして　こんなに　重いんですか。⑫⑭
1 おもい　2 かるい　3 あかるい　4 くらい

10 私の　弟は　医者に　なる　ために　いっしょうけんめい　勉強して　います。⑬
1 いじゃ　2 いしゃ　3 いいじゃ　4 いいしゃ

 정답 및 해석 p.61

もんだい1 ＿＿＿の ことばは ひらがなで どう かきますか。
1・2・3・4から いちばん いい ものを ひとつ えらんで ください。

1 今日は わたしたちの 特別な 日なんです。⑰
1 かくべつな　2 とくべつな　3 しきべつな　4 むさべつな

2 昨日から 頭も いたいし ねつも 少し あります。⑮
1 からだ　2 はら　3 あたま　4 て

3 駅前の カレー屋に 一度 行って みましょう。⑮
1 いちど　2 いちどう　3 いっど　4 いっどう

4 兄は だいがくびょういんで いしゃを して います。⑫
1 はは　2 あね　3 ちち　4 あに

5 日本の 人口は 1おく人 以上です。⑫
1 じんこう　2 じんこ　3 にんこう　4 にんこ

6 姉は らいしゅう けっこんします。
1 あね　2 あに　3 おとうと　4 いもうと

7 山田さんは いつも どんな 時でも 元気な 人です。
1 けきんな　2 けんきな　3 げきんな　4 げんきな

8 世界には わたしの 知らない 国が まだ たくさん あります。⑬
1 せいがい　2 せいかい　3 せがい　4 せかい

9 やきゅうを するには 人が 足りません。
1 かりません　2 たりません　3 さりません　4 はりません

10 小学生の ときから 日記を つけて います。⑮
1 にき　2 にちき　3 につき　4 にっき

정답 및 해석 p.61

もんだい1 ＿＿＿の ことばは ひらがなで どう かきますか。
1・2・3・4から いちばん いい ものを ひとつ えらんで ください。

1 秋は 食べ物が おいしい きせつです。⑪⑮
1 ふゆ　　2 はる　　3 あき　　4 なつ

2 あ、その ふく 私のと 同じです。
1 どうじ　　2 おなんじ　　3 おなじ　　4 とうじ

3 妹は だいがくに 行く ために いっしょうけんめい べんきょうを して います。⑬
1 おとうと　　2 あに　　3 いもうと　　4 おや

4 今日の ご飯は 何を 食べようか 考えて います。⑪⑬
1 かんがえて　　2 おしえて　　3 おぼえて　　4 かぞえて

5 へやが 暗くて 何も 見えません。⑫⑭
1 ひくくて　　2 あかるくて　　3 たかくて　　4 くらくて

6 彼は 本当に 熱心な 学生です。⑭
1 ねんしんな　　2 ねしんな　　3 ねっしんな　　4 ねんしな

7 田中さんは ダンスを して いるので 体が やわらかいです。⑬
1 こころ　　2 あたま　　3 あし　　4 からだ

8 何でしょうか。人が 集まって いますね。⑰
1 あつまって　　2 あづまって　　3 あちまって　　4 あぢまって

9 わたしの 学校は ここから とても 遠い ところに あります。⑩⑮
1 ひくい　　2 ちかい　　3 たかい　　4 とおい

10 お金が なくて ガスと 水道が 止められて しまいました。⑫
1 すいど　　2 すいどう　　3 すうど　　4 すうどう

정답 및 해석 p.61

もんだい1 ＿＿＿の ことばは ひらがなで どう かきますか。
1・2・3・4から いちばん いい ものを ひとつ えらんで ください。

1 むすこが きれいな 色の 石を ひろって きました。⑪
1 すな　2 いわ　3 いし　4 あな

2 今日中に 会社に メールを 送らなければ なりません。⑩⑪⑭
1 おくらなければ　2 あやまらなければ
3 さわらなければ　4 ひからなければ

3 今日は 天気も 悪いし、テニスは 明日 しませんか。
1 さむい　2 かるい　3 わるい　4 あつい

4 家の 近くに えきが ないので とても 不便です。⑭
1 ぶべん　2 ふびん　3 ぶびん　4 ふべん

5 すみませんが、この辺の 地理に あまり くわしく ないんです。⑫
1 ちり　2 じり　3 ちりい　4 じりい

6 インターネットで その ばしょまでの 行き方を 調べます。⑭
1 しらべます　2 よべます　3 さけべます　4 とべます

7 この 港には いろいろな 国の ふねが 来ます。⑪
1 みなと　2 ところ　3 おもて　4 はやし

8 週末 予定が なかったら 映画でも 見に 行きませんか。⑫⑮⑱
1 よてい　2 ようてい　3 よやく　4 ようやく

9 その 机の 上の しょるいを とって ください。⑫
1 たな　2 せき　3 いす　4 つくえ

10 ここは 小さいので 駅員が 一人しか いません。⑰
1 えきいん　2 てんいん　3 えきにん　4 てんにん

もんだい1 ＿＿の ことばは ひらがなで どう かきますか。1・2・3・4から いちばん いい ものを ひとつ えらんで ください。

1 毎日 朝 早くから 夜 おそくまで はたらいて います。
1 よる 2 あさ 3 ひる 4 ばん

2 この 店では 高い アクセサリーを 売って います。⑮⑰
1 うって 2 きって 3 かって 4 しって

3 森で まよって しまいました。⑫
1 もり 2 はやし 3 き 4 おか

4 あの ビルは この 町で いちばん 高い ことで 有名です。
1 ようめい 2 ゆうめい 3 ゆめい 4 ゆめ

5 わたしが 住んで いる 市の 人口は ２０万人です。
1 と 2 けん 3 むら 4 し

6 いくら スイッチを おしても 動きません。⑭
1 うごきません 2 はたらきません 3 あきません 4 いきません

7 寒いので そこの ドアを 閉めて もらえませんか。
1 とめて 2 きめて 3 しめて 4 やめて

8 一日に ねる 時間は ５時間で 十分です。⑪⑫
1 じゅっぷん 2 じゅうぶん 3 じゅぶん 4 じゅうふん

9 特急の 電車は 少し 料金が 高いです。⑭
1 とっきゅ 2 とっきゅう 3 とうきゅ 4 とうきゅう

10 彼が そんな 悪い 人だとは 知らなかったです。
1 しらなかった 2 ちらなかった
3 まわらなかった 4 さわらなかった

**もんだい1 ＿＿＿の ことばは ひらがなで どう かきますか。
1・2・3・4から いちばん いい ものを ひとつ えらんで ください。**

1 れいぞうこから 変な 音が するので しゅうりして もらう ことに しました。
1 のど 2 こえ 3 ねつ 4 おと

2 こうこうせいの とき 毎日が とても 楽しかったです。⑭
1 いそがしかった 2 うつくしかった 3 きびしかった 4 たのしかった

3 最近 家の まわりで 工事を して いて とても うるさいです。
1 こうじ 2 ごうじ 3 こじ 4 ごじ

4 今日は しゅくだいが とても 多いです。
1 みじかい 2 すくない 3 ながい 4 おおい

5 私の しつもんに しっかり 答えて ください。
1 こたえて 2 かぞえて 3 おぼえて 4 かんがえて

6 昼は 大学で べんきょうを して、夜は アルバイトを して います。
1 よる 2 ひる 3 あさ 4 あき

7 弟の ともだちは みんな いい 子です。
1 いもうと 2 ちち 3 あね 4 おとうと

8 主人を 駅まで むかえに 行きます。
1 しゅにん 2 しゅじん 3 しゅうにん 4 しゅうじん

9 長い 休みが あったら どこか 旅行に 行きたいです。
1 りょうこ 2 りょこう 3 りょこ 4 りょおこ

10 今日の ばんごはんは 何を 食べるか 決めましたか。⑫
1 あつめました 2 ためました 3 きめました 4 そめました

 정답 및 해석 p.62

もんだい1 ＿＿＿の ことばは ひらがなで どう かきますか。
1・2・3・4から いちばん いい ものを ひとつ えらんで ください。

1 家の 近くに ある 池は 少し ふかいので あぶないです。
1 かけ 2 さけ 3 たけ 4 いけ

2 じゃあ、 今日は うちの 犬の 世話を よろしく おねがいします。⑬⑭
1 にわ 2 せわ 3 しわ 4 かわ

3 市民プールで およぎます。
1 しにん 2 しみん 3 ちにん 4 ちみん

4 せんしゅう うちにも とうとう 赤ちゃんが 生まれました。
1 うまれました 2 かまれました 3 はさまれました 4 ふまれました

5 今は ちょっと 都合が 悪いです。
1 とごう 2 つごう 3 ぐあい 4 あいま

6 コンビニは あの ビルと ガソリンスタンドの 間に あります。
1 あいだ 2 うち 3 げん 4 かん

7 明日は だいがくの そつぎょうしきなので スーツを 着なければ なりません。
1 きなければ 2 ねなければ 3 になければ 4 みなければ

8 肉ばかりじゃ なくて 魚も 食べた 方が いいですよ。
1 ちゃ 2 こめ 3 あじ 4 さかな

9 郵便局で 荷物を おくります。
1 にもつ 2 にもの 3 にぶつ 4 にもち

10 ワインと チーズは よく 合います。
1 あいます 2 ぬいます 3 こいます 4 すいます

 정답 및 해석 p.62

もんだい1 ＿＿＿の ことばは ひらがなで どう かきますか。 1・2・3・4から いちばん いい ものを ひとつ えらんで ください。

1 ともだちの 犬は 小さくて かわいいです。

1 ねこ　2 いぬ　3 さる　4 とり

2 私の 家は 会社から とても 近いです。

1 ながい　2 とおい　3 ちかい　4 みじかい

3 この たんごの 意味を おしえて もらえませんか。

1 いみ　2 うみ　3 いむ　4 うむ

4 パーティーの 用意を して おきます。

1 よい　2 よういん　3 ようい　4 よおい

5 見て ください。空の 色が 本当に きれいですよ。

1 ほし　2 よる　3 ひかり　4 いろ

6 ずっと 立って いたので 足が いたく なりました。

1 あたま　2 うで　3 あし　4 おなか

7 今日は 家の 近くの 公園で コンサートが 行われます。

1 おこなわれます　2 いわれます　3 かわれます　4 さわれます

8 正月に 国へ 帰ろうと 思います。

1 しゅうがつ　2 しょうげつ　3 しゅうげつ　4 しょうがつ

9 無理な 運動は しない 方が いいですよ。

1 むりな　2 むりんな　3 むうりな　4 むうりいな

10 今日の ことを いつも 思い出して くださいね。

1 おもいだして　2 おもいさして　3 かよいだして　4 かよいさして

もんだい1 ＿＿＿の ことばは ひらがなで どう かきますか。
1・2・3・4から いちばん いい ものを ひとつ えらんで ください。

1 わたしの こいびとは 顔も ハンサムだし せも 高いです。⑭⑱
1 かお　2 からだ　3 あたま　4 みみ

2 英語は 発音が 少し むずかしいです。
1 はつおん　2 はついん　3 ぱついん　4 ぱつおん

3 バスに 乗る とき いつも うしろの 席に すわります。
1 つくえ　2 ところ　3 せき　4 ゆか

4 さいきん 新しい スマホを 買いました。
1 いそがしい　2 きびしい　3 たのしい　4 あたらしい

5 私は だいがくいんで びょうきの 研究を して います。⑫
1 げんきゅう　2 けんきゅ　3 けんきゅう　4 けんぎゅう

6 空を 見て いると 心が らくに なります。
1 あめ　2 ほし　3 かぜ　4 そら

7 しょっきを 洗うのは あまり 好きじゃ ありません。
1 あらう　2 おう　3 あう　4 きらう

8 この 店の 営業は 10時からだ そうです。⑬⑱
1 えぎょう　2 えぎょ　3 えいぎょう　4 えいぎょ

9 今日は 私が 料理を 作ります。
1 つくります　2 さります　3 まわります　4 おります

10 あの 店で ケーキを 買って 行きましょう。
1 かって　2 まって　3 うって　4 よって

정답 및 해석 p.62

もんだい1 ＿＿＿の ことばは ひらがなで どう かきますか。
1・2・3・4から いちばん いい ものを ひとつ えらんで ください。

1 これは わたしが いちばん 好きな <u>歌</u>です。
1 きょく　2 うた　3 し　4 え

2 このまま 時間が <u>止まって</u> ほしいです。
1 とまって　2 きまって　3 はまって　4 だまって

3 たいふうが 来て いるので 雨と 風が とても <u>強い</u>です。⑬
1 つよい　2 よわい　3 はやい　4 おそい

4 いつか きれいな <u>海</u>が 見える 家に 住みたいです。
1 かわ　2 うみ　3 いけ　4 まち

5 <u>親切</u>で かっこいい 人が 好きです。
1 しんぜつ　2 じんせつ　3 しんせづ　4 しんせつ

6 えいがかんで 前の せきの 人に <u>立たれて</u> 見えませんでした。
1 たたれて　2 かたれて　3 またれて　4 うたれて

7 さいきん ダイエットの ために <u>運動</u>を はじめました。
1 うんどう　2 うんとう　3 うんど　4 うんと

8 今日は ぎゅうにくが とても <u>安い</u>ですよ。
1 あかい　2 やすい　3 たかい　4 くろい

9 すみませんが、暑いので ちょっと まどを <u>開けて</u> ください。
1 あけて　2 まけて　3 さけて　4 かけて

10 家族が せかいで いちばん <u>大切</u>です。⑭
1 だいぜつ　2 だいせつ　3 たいぜつ　4 たいせつ

もんだい 1 ▶ 한자읽기 확인문제 ⑪

정답 및 해석 p.62

もんだい1 ＿＿＿の　ことばは　ひらがなで　どう　かきますか。
1・2・3・4から　いちばん　いい　ものを　ひとつ　えらんで　ください。

1 私は　食べ物の　中で　ケーキが　いちばん　好きです。
1 すき　2 あき　3 くき　4 ゆき

2 ちこくしそうです。急いで　行きましょう。⑬⑮
1 いそいで　2 さわいで　3 およいで　4 ぬいで

3 最近の　親は　きょういくねっしんな　人が　多いです。
1 はは　2 ちち　3 おや　4 あに

4 日本人は　親切な　人が　多いです。
1 ちんせつな　2 しんぜつな　3 しんせつな　4 ちんぜつな

5 この　お酒は　米から　作られて　います。
1 さかな　2 こめ　3 にく　4 むし

6 ともだちの　けっこんしきの　時、歌を　歌う　ことに　なりました。
1 うたう　2 かう　3 あらう　4 ならう

7 ひこうきの　チケットを　よやくするには　まだ　早いです。
1 やすい　2 おそい　3 たかい　4 はやい

8 来年　ヨーロッパに　行く　計画が　あります。⑮
1 けかく　2 げいがく　3 けいかく　4 げいかく

9 ドアが　開いて　いるので　しめて　もらえませんか。
1 あいて　2 さいて　3 まいて　4 はいて

10 かいぎちゅうは　けいたいでんわを　切って　おいて　ください。
1 きって　2 まって　3 ちって　4 かって

もんだい1 ＿＿＿の ことばは ひらがなで どう かきますか。
1・2・3・4から いちばん いい ものを ひとつ えらんで ください。

1 今日は 少し 風が 冷たいですね。
1 ゆき　2 あめ　3 かぜ　4 そら

2 明日は 友達に 会う やくそくが あります。
1 あう　2 かう　3 いう　4 よう

3 若い ときに たくさん 経験を して おいた 方が いいですよ。⑪
1 けいけん　2 げいげん　3 けんけい　4 げんけい

4 コーヒーが 熱すぎて 飲めません。
1 おも　2 おお　3 あつ　4 きつ

5 一日 3回、きちんと ご飯を 食べましょう。
1 ばん　2 ぱん　3 はん　4 ほん

6 この こうえんを 通って 行くと 早く 着きます。
1 とおって　2 つうって　3 どおって　4 づうって

7 でんきを けすと 月の 光が 入って きて きれいです。
1 かぜ　2 ひかり　3 くも　4 みどり

8 この 山は 低いので のぼりやすいです。
1 ひろい　2 たかい　3 せまい　4 ひくい

9 この 映画が 見たいんですが、せきは 空いて いますか。
1 あいて　2 かいて　3 きいて　4 すいて

10 台風が くるそうだから、気を つけて ください。
1 たいぷう　2 だいぷう　3 たいふう　4 だいふう

もんだい1　_____の　ことばは　ひらがなで　どう　かきますか。
1・2・3・4から　いちばん　いい　ものを　ひとつ　えらんで　ください。

1 かじの　中で　洗濯が　いちばん　きらいです。
1 せんだく　2 せんたく　3 せたく　4 せったく

2 私は　小さい　村の　しゅっしんです。
1 くに　2 むら　3 まち　4 く

3 昨日　しゅくだいを　しなかったので　ともだちの　ノートを　写して　います。
1 うつして　2 かくして　3 はなして　4 さがして

4 さいきんは　かがく　ぎじゅつが　とても　進んで　います。⑩
1 すすんで　2 よんで　3 のぞんで　4 かんで

5 私は　女ですから、力が　あまり　つよく　ありません。
1 からだ　2 ちから　3 き　4 て

6 私は　毎朝　母に　起こして　もらって　います。
1 おこして　2 あこして　3 いこして　4 きこして

7 質問が　ある　人は　手を　あげて　ください。
1 じつもん　2 しつもん　3 しづもん　4 じづもん

8 うるさいので　音楽を　止めました。
1 とめました　2 しめました　3 さめました　4 きめました

9 今日は　30度で　とても　暑いです。
1 し　2 じ　3 ど　4 く

10 パーティーには　どんな　洋服を　着て　行きますか。
1 よふく　2 おうふく　3 わふく　4 ようふく

 정답 및 해석 p.63

もんだい1 ＿＿の ことばは ひらがなで どう かきますか。
1・2・3・4から いちばん いい ものを ひとつ えらんで ください。

1 私は 100メートルを 泳ぐ ことが できます。⑮
1 およぐ　2 ぬぐ　3 さわぐ　4 いそぐ

2 家を 建てる ために ぎんこうで お金を 借りました。
1 かりました　2 さりました　3 おりました　4 はりました

3 ぬいだ 服は きちんと かたづけましょう。
1 ふく　2 やく　3 きゃく　4 さく

4 日本の しゅとは 東京都です。
1 く　2 し　3 ふ　4 と

5 ばしょが 決まったら れんらくを しますね。⑩
1 きまったら　2 はまったら　3 そまったら　4 とまったら

6 しょうらい もっと 広い 家に 住みたいです。
1 たかい　2 せまい　3 ひろい　4 やすい

7 今日は 一年で いちばん じゅうような 試験が あります。
1 しけん　2 きけん　3 しげん　4 きげん

8 つくえの 引き出しから 古い しゃしんが 出て きました。
1 まるい　2 かるい　3 ふるい　4 ぬるい

9 あなただけには 特別に 教えて あげましょう。
1 とくべつに　2 どくべつに　3 とぐべつに　4 どくべづに

10 しんぶんの 字が 小さすぎて 読めません。⑩
1 じ　2 く　3 ぐ　4 し

 정답 및 해석 p.63

もんだい1 ＿＿＿の　ことばは　ひらがなで　どう　かきますか。
1・2・3・4から　いちばん　いい　ものを　ひとつ　えらんで　ください。

1 ここは　べんきょうする　所です。電話は　しないで　ください。
1 ところ　2 いえ　3 せき　4 ゆか

2 楽しみに　して　いた　おまつりが、雨で　中止に　なって　しまいました。
1 ちゅしん　2 ちゅし　3 ちゅうしん　4 ちゅうし

3 この　ペン　ちょっと　太いですね。ほかの　ペンは　ありますか。
1 ふとい　2 くろい　3 ほそい　4 しろい

4 ここの　店員は　あまり　いい　人じゃ　ありません。⑪
1 てにん　2 てんにん　3 ていん　4 てんいん

5 寒くて　手が　氷のように　冷たく　なって　しまいました。⑭
1 かわ　2 みず　3 うみ　4 こおり

6 部屋が　少し　暑いので　まどを　開けても　いいですか。
1 あつい　2 おもい　3 かるい　4 さむい

7 先週、日本で　有名な　お祭りを　見物して　来ました。
1 みもの　2 けんぶつ　3 けんもの　4 みぶつ

8 短い　間でしたが、おせわに　なりました。
1 つよい　2 みじかい　3 よわい　4 ながい

9 今日は　食事を　まだ　いちども　して　いません。⑫
1 しょくこと　2 しょくじ　3 しょくごと　4 しょくし

10 よかったら、この　ふとんを　使って　ください。
1 つかって　2 さわって　3 かって　4 まって

정답 및 해석 p.63

もんだい1 ＿＿＿の ことばは ひらがなで どう かきますか。
1・2・3・4から いちばん いい ものを ひとつ えらんで ください。

1 近所に 新しい スーパーが できて 便利に なりました。⑬⑭
1 きんぞ 2 きんぞう 3 きんじょ 4 きんじょう

2 この 本を 読んで、心が あたたかく なりました。
1 て 2 あたま 3 こころ 4 かお

3 ともだちに かりて いた CDを 今日 返す つもりです。
1 かえす 2 まわす 3 たおす 4 はなす

4 ここの ステーキは 厚くて おいしいんですよ。
1 うすくて 2 あつくて 3 ふとくて 4 ほそくて

5 しゅくだいで 英語の 文を ほんやくして います。
1 びん 2 かん 3 けん 4 ぶん

6 今日は 何だか 気分が あまり よく ありません。⑮
1 きふん 2 きぶん 3 ぎふん 4 ぎぶん

7 夏に なると いつも 海に 行きたく なります。⑱
1 なつ 2 ふゆ 3 あき 4 はる

8 むかし びょういんが あった 所に としょかんが 建ちました。
1 たちました 2 うちました 3 おちました 4 もちました

9 明日は 朝9時に 出発する よていですから おくれないで ください。⑪
1 しゅうぱつ 2 しゅっぱつ 3 しゅぱっつ 4 しゅぱつ

10 一人ぐらしを したら 全部 自分で しなければ なりません。⑩
1 じふんで 2 じいふんで 3 じぶんで 4 じいぶんで

정답 및 해석 p.63

もんだい1 ＿＿＿の ことばは ひらがなで どう かきますか。
1・2・3・4から いちばん いい ものを ひとつ えらんで ください。

1 この 町には 工場が 多いので 空気が 悪いです。⑬
1 こうしょ　2 こうじょう　3 くうしょ　4 くうじょう

2 大学は 京都(きょうと)の 南区に あります。
1 みなみし　2 みなみく　3 みなみけん　4 みなみまち

3 昨日から おなかが 痛いんです。
1 たかい　2 いたい　3 ひくい　4 かゆい

4 スーパーまでなら 車より 自転車の ほうが はやいですよ。⑫⑮
1 じてんしゃ　2 じどうしゃ　3 じいてんしゃ　4 じいどうしゃ

5 この 薬は ご飯を 食べた あとに 飲んで ください。⑭
1 ちゃ　2 こめ　3 くすり　4 あじ

6 今度 一緒に ドライブに 行きませんか。⑬
1 こんどう　2 こんど　3 こんとう　4 こんと

7 彼女は その えいがで 先生の 役を して いました。
1 こえ　2 やく　3 きゃく　4 まえ

8 西の 空に ひこうきが 見えます。
1 きた　2 ひがし　3 にし　4 みなみ

9 この 空港は とても 大きくて 利用客も 多いです。⑩
1 こうく　2 こうくう　3 くうこ　4 くうこう

10 その 車は ゆっくり 動き出しました。
1 うごきだしました　2 うごきでしました
3 はたらきだしました　4 はたらきでしました

もんだい1 ＿＿＿の ことばは ひらがなで どう かきますか。
1・2・3・4から いちばん いい ものを ひとつ えらんで ください。

1 すみませんが、すぐ 返すので 千円だけ 貸して もらえませんか。⑮
1 かして　2 さして　3 だして　4 おして

2 明日の テストが しんぱいで 今夜は 寝られないかも しれません。⑭
1 こんや　2 こんよる　3 いまや　4 いまよる

3 さいきん 体の 具合が 悪くて びょういんに 通って います。
1 かよって　2 とおって　3 つうって　4 いって

4 子どもの ころの 思い出に ついて 作文を 書きました。
1 さくもん　2 さくぶん　3 じゃくぶん　4 じゃくもん

5 この 中から 正しい こたえを えらんで ください。
1 たのしい　2 ただしい　3 けわしい　4 さびしい

6 かぜを ひいて 声が 出なく なりました。
1 かた　2 おと　3 こえ　4 て

7 毎日 1時間 走って います。⑬
1 あるいって　2 はしって　3 おどって　4 おこなって

8 きりんは 首が 長い どうぶつです。
1 くび　2 のど　3 かみ　4 あし

9 こちらに 住所を お書きください。⑩
1 じゅしょ　2 じゅしょう　3 じゅうしょ　4 じゅうしょう

10 今日は 月が きれいに 光って います。⑫
1 はって　2 ふって　3 ひかって　4 かかって

확인문제 ⑲

정답 및 해석 p.64

もんだい1 ＿＿＿の ことばは ひらがなで どう かきますか。 1・2・3・4から いちばん いい ものを ひとつ えらんで ください。

1 今日は 雲が ひとつも なくて いい 天気です。⑬

1 あめ　2 そら　3 かぜ　4 くも

2 ちょっと 話を 聞いて もらえませんか。

1 うた　2 こえ　3 こころ　4 はなし

3 週末は 家で ずっと 小説を 読んで います。⑪

1 しょせつ　2 しょぜつ　3 しょうせつ　4 しょうぜつ

4 この ひこうきは 12時に 東京に 着く 予定です。⑮

1 つく　2 たく　3 まく　4 おく

5 あの 食堂は 安くて おいしいですよ。⑪

1 しゅくど　2 しょくど　3 しゅくどう　4 しょくどう

6 今から 行っても たぶん 夕方には 帰って 来られると 思います。⑪

1 ゆうほう　2 ゆうがた　3 ゆほう　4 ゆがた

7 そんな 弱い きもちじゃ だめですよ。⑩⑱

1 よわい　2 こわい　3 つらい　4 つよい

8 私の しゅみは 家の まわりを 散歩する ことです。

1 さんぼう　2 さんぽう　3 さんぼ　4 さんぽ

9 車を うんてんする 時は 歩いて いる 人に 注意して ください。

1 じゅい　2 ちゅい　3 じゅうい　4 ちゅうい

10 今 何人 きて いるか 数えて ください。⑫

1 かぞえて　2 おしえて　3 おぼえて　4 かんがえて

정답 및 해석 p.64

もんだい1 ＿＿＿の　ことばは　ひらがなで　どう　かきますか。
1・2・3・4から　いちばん　いい　ものを　ひとつ　えらんで　ください。

1 天気　予報に　よると　明日は　はれる　そうです。⑭

1 よほう　2 よぼう　3 ようほう　4 ようぼう

2 明日の　かいぎには　かならず　出席して　ください。

1 しゅせっき　2 けっせき　3 しゅっせき　4 げっせき

3 熱が　出たので　今日は　学校を　休みます。

1 でた　2 にた　3 きた　4 えた

4 春に　なったら　はなみを　しに　行きましょう。

1 なつ　2 ふゆ　3 はる　4 あき

5 先週　とまった　旅館は　高かったですが、とても　よかったです。⑩

1 りゅかん　2 りゅうかん　3 りょかん　4 りょうかん

6 ねぼうを　して　授業に　ちこくして　しまいました。

1 じょぎょう　2 じゅきょう　3 じょきょう　4 じゅぎょう

7 おみやげは　よっつも　買えば　足りると　思います。

1 たりる　2 かりる　3 だりる　4 がりる

8 明日の　朝、起きられるか　少し　心配です。

1 しんぺい　2 しんばい　3 しんぱい　4 しんべい

9 すみません、お茶を　いただけますか。

1 みず　2 ちゃ　3 こおり　4 こめ

10 うちには　車が　二台　あります。⑫

1 にだい　2 にたい　3 にがい　4 にかい

확인문제 1

1 ② 어제 만든 요리의 맛이 조금 이상합니다.
2 ④ 어렸을 적 피아노를 배웠습니다.
3 ② 정원에 가끔씩 새가 날아옵니다.
4 ② 당신의 의견을 부디 들려주세요.
5 ② 찾고 있던 지갑을 발견해서 안심했습니다.
6 ③ 이 짐은 가벼우니까 제가 들게요.
7 ③ 근처에 조용한 가게가 있으니까 거기로 가죠.
8 ② 식료품 매장은 지하에 있습니다.
9 ① 당신의 가방은 어째서 이렇게 무겁습니까?
10 ② 제 남동생은 의사가 되기 위해서 열심히 공부하고 있습니다.

확인문제 2

1 ② 오늘은 우리의 특별한 날입니다.
2 ③ 어제부터 머리도 아프고 열도 조금 있습니다.
3 ① 역 앞 카레 집에 한번 가 봅시다.
4 ④ 형은 대학병원에서 의사를 하고 있습니다.
5 ① 일본의 인구는 1억 명 이상입니다.
6 ① 언니는 다음 주 결혼합니다.
7 ④ 야마다 씨는 언제나 어떤 때라도 활기찬 사람입니다.
8 ④ 세계에는 제가 모르는 나라가 아직 많이 있습니다.
9 ② 야구를 하기에는 사람이 부족합니다.
10 ④ 초등학생 때부터 일기를 쓰고 있습니다.

확인문제 3

1 ③ 가을은 음식이 맛있는 계절입니다.
2 ③ 아, 그 옷 제 거랑 같네요.
3 ③ 여동생은 대학에 가기 위해 열심히 공부를 하고 있습니다.
4 ① 오늘 식사는 뭘 먹을지 생각하고 있습니다.
5 ④ 방이 어두워서 아무것도 보이지 않습니다.
6 ③ 그는 정말로 열심인 학생입니다.
7 ④ 다나카 씨는 춤을 추고 있어서 몸이 유연합니다.
8 ① 무슨 일일까요? 사람이 모여 있네요.
9 ④ 우리 학교는 여기서 아주 먼 곳에 있습니다.
10 ② 돈이 없어서 가스와 수도가 끊겨 버렸습니다.

확인문제 4

1 ③ 아들이 예쁜 색의 돌을 주워 왔습니다.
2 ① 오늘 중으로 회사에 메일을 보내지 않으면 안 됩니다.
3 ③ 오늘은 날씨도 나쁘니 테니스는 내일 할까요?
4 ④ 집 근처에 역이 없어서 무척 불편합니다.
5 ① 죄송합니다만, 이 근처 지리에 그리 밝지 않습니다.
6 ① 인터넷으로 그 장소까지 가는 법을 알아보겠습니다.
7 ① 이 항구에는 여러 나라의 배가 옵니다.
8 ① 주말에 예정이 없다면 영화라도 보러 가지 않을래요?
9 ④ 그 책상 위의 서류를 집어 주세요.
10 ① 여기는 작아서 역무원이 한 명밖에 없습니다.

확인문제 5

1 ② 매일 아침 일찍부터 밤늦게까지 일하고 있습니다.
2 ① 이 가게에서는 비싼 액세서리를 팔고 있습니다.
3 ① 숲에서 길을 잃어버렸습니다.
4 ② 저 빌딩은 이 마을에서 가장 높기로 유명합니다.
5 ④ 제가 살고 있는 시의 인구는 20만 명입니다.
6 ① 아무리 스위치를 눌러도 움직이지 않습니다.
7 ③ 추우니까 거기 문을 닫아 주시겠습니까?
8 ② 하루에 자는 시간은 5시간으로 충분합니다.
9 ② 특급열차는 조금 요금이 비쌉니다.
10 ① 그가 그렇게 나쁜 사람인 줄 몰랐습니다.

확인문제 6

1 ④ 냉장고에서 이상한 소리가 나서 수리를 받기로 했습니다.
2 ④ 고등학생일 때 매일이 무척 즐거웠습니다.
3 ① 최근 집 주변에서 공사를 하고 있어서 무척 시끄럽습니다.
4 ④ 오늘은 숙제가 무척 많습니다.
5 ① 제 질문에 제대로 대답해 주세요.
6 ② 낮에는 대학에서 공부를 하고, 밤에는 아르바이트를 하고 있습니다.
7 ④ 남동생의 친구들은 모두 착한 아이들입니다.
8 ② 남편을 역까지 마중하러 갑니다.
9 ② 장기 휴가가 있다면 어딘가 여행을 가고 싶습니다.
10 ③ 오늘 저녁 밥은 무엇을 먹을지 정하셨습니까?

확인문제 7

1 ④ 집 근처에 있는 연못은 조금 깊어서 위험합니다.
2 ② 그럼 오늘 우리 개를 잘 돌봐 주세요.
3 ② 시민 수영장에서 수영합니다.
4 ① 지난주 우리에게도 드디어 아기가 태어났습니다.
5 ② 지금은 좀 형편(사정)이 나쁩니다.
6 ① 편의점은 저 빌딩과 주유소 사이에 있습니다.
7 ① 내일은 대학의 졸업식이기 때문에 정장을 입지 않으면 안 됩니다.
8 ④ 고기만 먹지 말고 생선도 먹는 편이 좋아요.
9 ① 우체국에서 짐을 보냅니다.
10 ① 와인과 치즈는 잘 어울립니다.

확인문제 8

1 ② 친구의 개는 작고 귀엽습니다.
2 ③ 저의 집은 회사에서 아주 가깝습니다.
3 ① 이 단어의 의미를 가르쳐 주시겠습니까?
4 ③ 파티 준비를 해 둡니다.
5 ④ 보세요. 하늘의 색이 정말 아름답습니다.
6 ③ 계속 서 있어서 발이 아파졌습니다.
7 ① 오늘은 집 근처 공원에서 콘서트가 열립니다.
8 ④ 설날에 고국에 가려고 합니다.
9 ① 무리한 운동은 하지 않는 게 좋아요.
10 ① 오늘 일을 항상 떠올려 주세요.

확인문제 9

1 ① 내 애인은 얼굴도 잘생기고 키도 큽니다.
2 ① 영어는 발음이 조금 어렵습니다.
3 ③ 버스에 탈 때 언제나 뒤쪽 자리에 앉습니다.
4 ④ 최근 새로운 스마트 폰을 샀습니다.
5 ③ 저는 대학원에서 질병 연구를 하고 있습니다.
6 ④ 하늘을 보고 있으면 마음이 편해집니다.
7 ① 식기를 씻는 것은 그다지 좋아하지 않습니다.
8 ③ 이 가게의 영업은 10시부터라고 합니다.
9 ① 오늘은 제가 요리를 만들겠습니다.
10 ① 저 가게에서 케이크를 사 갑시다.

확인문제 10

1 ② 이것은 제가 가장 좋아하는 노래입니다.
2 ① 이대로 시간이 멈췄으면 좋겠습니다.
3 ① 태풍이 오고 있어서 비와 바람이 아주 강합니다.
4 ② 언젠가 아름다운 바다가 보이는 집에서 살고 싶습니다.
5 ④ 친절하고 멋있는 사람이 좋습니다.
6 ① 영화관에서 앞자리 사람이 일어서서 보이지 않았습니다.
7 ① 최근 다이어트를 위해서 운동을 시작했습니다.
8 ② 오늘은 소고기가 무척 쌉니다.
9 ① 죄송합니다만, 더우니 창문을 좀 열어 주세요.
10 ④ 가족이 세상에서 가장 소중합니다.

확인문제 11

1 ① 저는 음식 중에 케이크를 가장 좋아합니다.
2 ① 지각할 것 같습니다. 서둘러 갑시다.
3 ③ 최근의 부모들은 교육열이 있는 사람들이 많습니다.
4 ③ 일본인은 친절한 사람이 많습니다.
5 ② 이 술은 쌀로 만들어졌습니다.
6 ① 친구의 결혼식 때 노래를 부르게 되었습니다.
7 ④ 비행기의 티켓을 예약하기에는 아직 이릅니다.
8 ③ 내년에 유럽에 갈 계획이 있습니다.
9 ① 문이 열려 있는데 닫아 주시겠어요?
10 ① 회의 중에는 휴대전화를 꺼 두세요.

확인문제 12

1 ③ 오늘은 조금 바람이 차네요.
2 ① 내일은 친구를 만날 약속이 있습니다.
3 ① 젊을 때에 많이 경험을 해 두는 편이 좋아요.
4 ③ 커피가 너무 뜨거워서 마실 수 없습니다.
5 ③ 하루 세 번 제대로 밥을 먹읍시다.
6 ① 이 공원을 지나서 가면 빨리 도착합니다.
7 ② 전기를 끄면 달빛이 들어와 아름답습니다.
8 ④ 이 산은 낮아서 오르기 쉽습니다.
9 ① 이 영화를 보고 싶은데 자리는 비어 있나요?
10 ③ 태풍이 온다고 하니까, 조심하세요.

확인문제 ⑬

1 ② 가사(집안일) 중에서 세탁이 제일 싫습니다.
2 ② 저는 작은 마을 출신입니다.
3 ① 어제 숙제를 하지 않아서 친구의 노트를 베끼고 있습니다.
4 ① 요즘은 과학 기술이 매우 발전했습니다.
5 ② 저는 여자라서 힘이 그다지 세지 않습니다.
6 ① 저는 매일 아침 어머니가 깨워주고 있습니다.
7 ② 질문이 있는 사람은 손을 들어 주세요.
8 ① 시끄러워서 음악을 껐습니다(멈췄습니다).
9 ③ 오늘은 30도로 무척 덥습니다.
10 ④ 파티에는 어떤 양복을 입고 갑니까?

확인문제 ⑭

1 ① 저는 100미터를 수영할 수 있습니다.
2 ① 집을 짓기 위해서 은행에서 돈을 빌렸습니다.
3 ① 벗은 옷은 잘 정리합시다.
4 ④ 일본의 수도는 도쿄도입니다.
5 ① 장소가 정해지면 연락할게요.
6 ③ 장래에 좀더 넓은 집에서 살고 싶습니다.
7 ① 오늘은 한 해 중 가장 중요한 시험이 있습니다.
8 ③ 책상 서랍에서 낡은 사진이 나왔습니다.
9 ① 당신에게만 특별히 가르쳐 드리겠습니다.
10 ① 신문의 글자가 너무 작아서 읽을 수 없습니다.

확인문제 ⑮

1 ① 여기는 공부를 하는 곳입니다. 전화는 하지 말아 주세요.
2 ④ 기대하고 있었던 축제가 비 때문에 중지되어 버렸습니다.
3 ① 이 펜 조금 두껍네요. 다른 펜은 없나요?
4 ④ 여기의 점원은 그다지 좋은 사람이 아닙니다.
5 ④ 추워서 손이 얼음처럼 차가워져 버렸습니다.
6 ① 방이 조금 더워서 창문을 열어도 되겠습니까?
7 ② 지난주, 일본에서 유명한 축제를 구경하고 왔습니다.
8 ② 짧은 시간이었지만 신세를 졌습니다.
9 ② 오늘은 식사를 아직 한 번도 하지 않았습니다.
10 ① 괜찮으면 이 이불을 사용하세요.

확인문제 ⑯

1 ③ 근처에 새로운 슈퍼가 생겨서 편리해졌습니다.
2 ③ 이 책을 읽고 마음이 따뜻해졌습니다.
3 ① 친구에게 빌렸던 CD를 오늘 돌려줄 생각입니다.
4 ② 여기 스테이크는 두껍고 맛있어요.
5 ④ 숙제로 영어 문장을 번역하고 있습니다.
6 ② 오늘은 왠지 기분이 별로 좋지 않습니다.
7 ① 여름이 되면 언제나 바다에 가고 싶어집니다.
8 ① 옛날에 병원이 있던 곳에 도서관이 세워졌습니다.
9 ② 내일은 아침 9시에 출발할 예정이니까 늦지 말아 주세요.
10 ③ 혼자 살면 전부 스스로 해야 합니다.

확인문제 ⑰

1 ② 이 마을에는 공장이 많아서 공기가 나쁩니다.
2 ② 대학은 신주쿠 미나미구에 있습니다.
3 ② 어제부터 배가 아픕니다.
4 ① 슈퍼까지라면 차보다 자전거로 가는 편이 빠릅니다.
5 ③ 이 약은 밥을 먹은 후에 먹어 주세요.
6 ② 다음에 같이 드라이브를 가지 않겠습니까?
7 ② 그녀는 그 영화에서 선생님 역할을 했습니다.
8 ③ 서쪽 하늘에 비행기가 보입니다.
9 ④ 이 공항은 아주 커서 이용객도 많습니다.
10 ① 그 자동차는 천천히 움직이기 시작했습니다.

확인문제 ⑱

1 ① 죄송합니다만 바로 돌려드릴 테니 1000엔만 빌려주시겠습니까?
2 ① 내일 시험이 걱정돼서 오늘 밤은 잘 수 없을지도 모릅니다.
3 ① 요즘 몸이 아파서 병원에 다니고 있습니다.
4 ② 어릴 적 추억에 대해 작문을 썼습니다.
5 ② 이 중에서 올바른 답을 골라 주세요.
6 ③ 감기에 걸려서 목소리가 나오지 않게 되었습니다.
7 ② 매일 한 시간 달리고 있습니다.
8 ① 기린은 목이 긴 동물입니다.
9 ③ 이쪽에 주소를 적어 주세요.
10 ③ 오늘은 달이 예쁘게 빛나고 있습니다.

확인문제 19

1 ④ 오늘은 구름이 하나도 없고 좋은 날씨입니다.
2 ④ 잠깐 이야기를 들어주지 않을래요?
3 ③ 주말에는 집에서 계속 소설을 읽고 있습니다.
4 ① 이 비행기는 12시에 도쿄에 도착할 예정입니다.
5 ④ 저 식당은 싸고 맛있습니다.
6 ② 지금 가도 아마 저녁 무렵에는 돌아올 수 있을 거라고 생각합니다.
7 ① 그런 약한 마음으론 안돼요.
8 ④ 제 취미는 집 주변을 산책하는 것입니다.
9 ④ 차를 운전할 때는 걷고 있는 사람을 주의해 주세요.
10 ① 지금 몇 명 와 있는지 세어 주세요.

확인문제 20

1 ① 일기 예보에 의하면 내일은 맑아진다고 합니다.
2 ③ 내일 회의에는 반드시 출석해 주세요.
3 ① 열이 나서 오늘은 학교를 쉬겠습니다.
4 ③ 봄이 되면 꽃구경을 하러 갑시다.
5 ③ 지난주 묵었던 여관은 비쌌지만 무척 좋았습니다.
6 ④ 늦잠을 자서 수업에 지각하고 말았습니다.
7 ① 기념품은 네 개나 사면 충분하다고 생각합니다.
8 ③ 내일 아침에 일어날 수 있을지 조금 걱정입니다.
9 ② 실례합니다. 차를 주시겠습니까?
10 ① 우리 집에는 차가 두 대 있습니다.

もんだい 2 ▶ 표기

문제유형 표기(6문항)

히라가나로 쓰여진 단어를 한자로 어떻게 쓰는지 묻는 문제이다.

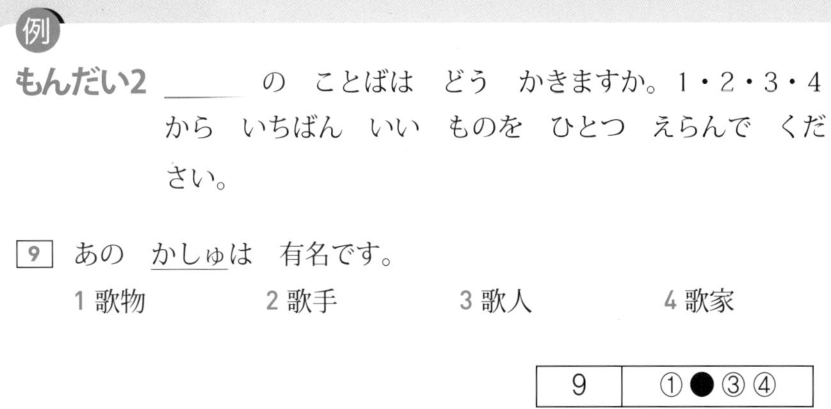

例

もんだい2 ＿＿＿＿の　ことばは　どう　かきますか。1・2・3・4から　いちばん　いい　ものを　ひとつ　えらんで　ください。

9　あの　かしゅは　有名です。

1 歌物　　2 歌手　　3 歌人　　4 歌家

9	① ● ③ ④

포인트

〈もんだい2〉는 주어진 히라가나를 한자로 어떻게 쓰느냐 하는 문제인데, 정답과 비슷한 모양의 한자, 일본어에 없는 한자가 선택지에 사용되는 경우가 많다. 그러므로 한자의 부수를 정확하게 암기할 필요가 있다.

학습요령

시험은 객관식이기 때문에 한자만 선택하면 되지만, 한자 쓰는 법은 항상 종이에 펜으로 쓰면서 외우도록 하자. 그렇게 하지 않으면 정확하게 기억할 수 없다. 특히 형태가 비슷한 한자는 착각하기 쉬우므로 주의하자.

예 : 「待 · 持」「鳥 · 島」「歩 · 走」「雪 · 雲」「開 · 聞 · 間 · 問」

정답 및 해석 p.86

もんだい2 ＿＿の ことばは どう かきますか。 1・2・3・4から いちばん いい ものを ひとつ えらんで ください。

1 近い うちに 家で パーティーを <u>ひらこう</u>と 思って います。⑬

1 閒こう　2 閉こう　3 関こう　4 開こう

2 <u>こうつう</u>が 不便な ところには 住みたく ありません。⑫⑰

1 交通　2 交痛　3 公通　4 公痛

3 コンサート会場への <u>いりぐち</u>は こちらです。

1 出口　2 人口　3 入口　4 山口

4 彼の 目は <u>あおくて</u> とても きれいです。⑪

1 清くて　2 晴くて　3 青くて　4 静くて

5 肉ばかり 食べないで <u>やさい</u>も 食べた 方が いいですよ。⑩⑬⑰

1 夜菜　2 屋菜　3 家菜　4 野菜

6 家の 近くに 最近 <u>えいがかん</u>が できました。

1 映凶館　2 決画館　3 決凶館　4 映画館

7 いくら その 人の ためでも うそを つく ことには <u>はんたい</u>です。⑫⑬

1 反対　2 半対　3 反体　4 半体

8 ここの パンは とても <u>うれて</u> います。⑮⑰

1 売れて　2 買れて　3 読れて　4 老れて

9 会社まで 毎日 バスに <u>のって</u> 行きます。⑫

1 行って　2 降って　3 乗って　4 来って

10 近くに あまり 店が ない ことが <u>すこし</u> 不便です。

1 小し　2 少し　3 劣し　4 尖し

확인문제 ❷

정답 및 해석 p.86

もんだい2　＿＿の　ことばは　どう　かきますか。1・2・3・4から　いちばん　いい　ものを　ひとつ　えらんで　ください。

1 私は　くろい　かみの　女の人が　好きです。⑫⑬⑭⑱
1 黒い　2 暗い　3 白い　4 赤い

2 最近の　いがくは　大きく　すすんで　重い　病気でも　あまり　心配じゃ　ありません。
1 化学　2 科学　3 医学　4 数学

3 私は　日本の　文化を　けんきゅうして　います。⑮
1 研突　2 研窓　3 研究　4 研空

4 ゆうべ　雨が　とても　強く　ふって　いました。
1 夕べ　2 朝べ　3 昼べ　4 夜べ

5 けんさの　ために　にゅういんを　する　ことに　なりました。⑫
1 休院　2 入医　3 入院　4 休医

6 この　ふねで　たくさんの　ものを　はこぶ　ことが　できます。⑩
1 通ぶ　2 連ぶ　3 送ぶ　4 運ぶ

7 かみを　かわかさないで　寝たので　かぜを　ひいて　しまいました。
1 神　2 紙　3 髪　4 上

8 小学生の　とき　教室を　そうじする　かかりでした。⑭
1 償　2 係　3 低　4 借

9 だれかが　きゅうに　大きな　こえを　出したので　びっくりしました。
1 急に　2 速に　3 早に　4 即に

10 ちょっと　そのへんを　いっしょに　あるきませんか。⑪
1 走きません　2 歩きません　3 起きません　4 越きません

もんだい2 ＿＿の ことばは どう かきますか。 1・2・3・4から いちばん いい ものを ひとつ えらんで ください。

1 この くさは 食べる ことが できます。
1 虫　2 花　3 草　4 空

2 この いっしゅうかん 本当に 速かったです。
1 一周関　2 一周間　3 一週間　4 一週関

3 今日は 雪も ふって さむいですね。⑭⑰
1 冷い　2 暑い　3 寒い　4 痛い

4 昨日 まちの 中心で 大きな かじが ありました。
1 火持　2 家事　3 火事　4 家持

5 これから この どうぐの つかい方を せつめいします。⑩
1 談明　2 説明　3 談名　4 説名

6 映画の おわりが 近づいて きました。
1 後わり　2 始わり　3 終わり　4 前わり

7 もうすぐ 好きな テレビばんぐみが はじまります。
1 閉まります　2 初まります　3 開まります　4 始まります

8 いつも おっとが 帰って くるのを 待ってから 寝ます。
1 夫　2 妻　3 姉　4 兄

9 彼は 今 しごとを やめようと して います。⑫
1 仕事　2 任事　3 仕業　4 任業

10 すみません、その 日は ちょっと つごうが 悪いんです。
1 通合　2 都会　3 都合　4 通会

정답 및 해석 p.86

もんだい2 ＿＿の ことばは どう かきますか。 1・2・3・4から いちばん いい ものを ひとつ えらんで ください。

1 ねむいですが 今日は がんばって 勉強を しなければ なりません。⑪

1 疲い　2 眠い　3 苦い　4 寝い

2 これから じゅぎょうを はじめます。⑫

1 始めます　2 治めます　3 拾めます　4 胎めます

3 この さかを のぼったら 私の 学校が あります。

1 山　2 坂　3 町　4 道

4 あまり りょうりが とくいな 方(ほう)では ありません。⑪

1 科理　2 料理　3 料里　4 科里

5 この 駅には でぐちが 3つ あります。

1 山口　2 出口　3 火口　4 拙口

6 そふは 昔 ひこうきの パイロットでした。

1 伯母　2 祖母　3 伯父　4 祖父

7 新しい 家は 駅から とおくて ふべんです。⑪

1 不勉　2 不便　3 不返　4 不変

8 彼は まいかい かならず 何か わすれものを します。

1 毎年　2 毎月　3 毎度　4 毎回

9 最近は えいごが とても 重要な 時代に なりました。

1 映語　2 英語　3 営語　4 永語

10 この 人は からだが よわいです。⑩⑱

1 弱い　2 悪い　3 遠い　4 痛い

정답 및 해석 p.86

もんだい2 ＿＿の ことばは どう かきますか。 1・2・3・4から いちばん いい ものを ひとつ えらんで ください。

1 テレビで やきゅうの しあいを 見る ことが 好きです。⑭
1 記合　2 記会　3 試合　4 試会

2 私が よく 行く びょういんの おいしゃさんは とても よく して くれます。
1 お医者さん　2 お区者さん　3 お匿者さん　4 お匹者さん

3 家から えきまでは 歩いて 15分くらい かかります。⑪
1 駅　2 訳　3 尺　4 択

4 この りんごは あかくて おいしそうです。⑬
1 白くて　2 赤くて　3 青くて　4 黒くて

5 これから 毎日 少しずつ にっきを 書く ことに しました。⑮
1 荷紀　2 日紀　3 荷記　4 日記

6 会社で はたらく とき たいへんなのは 人間関係の もんだいです。
1 門題　2 問題　3 問台　4 門台

7 はしったら あの バスに 間に合うでしょうか。⑮
1 閉ったら　2 走ったら　3 転ったら　4 急ったら

8 さくらの 木の えだは おらないで ください。
1 支　2 技　3 肢　4 枝

9 コンサートの かいじょうが とても 広くて びっくりしました。
1 会上　2 開場　3 会場　4 開上

10 美容院に 行ったら 人が いっぱいだったので べつの ひに 予約を しました。
1 前の日　2 他の日　3 次の日　4 別の日

정답 및 해석 p.86

もんだい2 ＿＿の ことばは どう かきますか。 1・2・3・4から いちばん いい ものを ひとつ えらんで ください。

1 会社の おくじょうで たくさんの 花を そだてて います。⑫

1 奥上　2 屋場　3 屋上　4 奥場

2 さいきんの けいたいでんわは とても べんりに なりました。⑪

1 硬利　2 硬理　3 便利　4 便理

3 私の 母は 週末 スーパーで はたらいて います。

1 値いて　2 働いて　3 側いて　4 動いて

4 わたしは あきが いちばん 好きです。⑪⑮

1 科　2 私　3 秋　4 秒

5 日本には 多くの ぶんがく作品が あります。

1 科学　2 化学　3 文学　4 医学

6 彼女に 会ったのは きょねんの 冬の ことでした。

1 前年　2 昨年　3 去年　4 先年

7 かえりは タクシーに のるので しんぱいしなくても 大丈夫ですよ。

1 反り　2 返り　3 戻り　4 帰り

8 私の びょうきの ことは まだ だれにも 言わないで ください。

1 勇気　2 元気　3 病気　4 本気

9 えいぎょうの しごとは たのしいです。⑩

1 宮美　2 営美　3 宮業　4 営業

10 ひっこしの にもつが 多くて とても 大変です。

1 荷持　2 二物　3 荷物　4 二持

もんだい2 ＿＿の ことばは どう かきますか。 1・2・3・4から いちばん いい ものを ひとつ えらんで ください。

1 あまい あじが します。⑬⑮
1 未　2 味　3 昧　4 抹

2 おしょうがつには かぞく みんなが 集まります。
1 お小月　2 お正月　3 お少月　4 お証月

3 ここは こうぎょうで 有名な 都市です。
1 農業　2 産業　3 漁業　4 工業

4 夏なので この 時間に なっても まだ あかるいです。
1 暗るい　2 夜るい　3 明るい　4 朝るい

5 ばいてんで おべんとうを 買おうと 思ったら 今日は 休みでした。
1 売点　2 買店　3 売店　4 買点

6 父は うんてんが とても 上手です。⑬
1 運軽　2 運転　3 連軽　4 連転

7 ノートに きれいに 書く ために 線を ひきました。
1 引きました　2 押きました　3 書きました　4 消きました

8 この 国の ぶんかが とても 気に 入りました。
1 分化　2 文化　3 文科　4 分化

9 一人暮らしは 毎日 かじを 自分で しなければ ならないので 大変です。
1 家車　2 家事　3 家軍　4 家裏

10 うんてんを しすぎて うでが 痛いです。
1 頭　2 足　3 腕　4 耳

 정답 및 해석 p.87

もんだい2 ＿＿の　ことばは　どう　かきますか。 1・2・3・4から　いちばん　いい　ものを　ひとつ　えらんで　ください。

1 彼の　おにいさんは　東京に　住んで　います。
1 お父さん　2 お姉さん　3 お兄さん　4 お妹さん

2 すぐ　もどるので　少し　まって　いて　ください。⑪⑮
1 持って　2 待って　3 特って　4 侍って

3 新しい　小説を　買いに　ほんやに　行って　きました。⑭
1 本屋　2 本家　3 本店　4 本場

4 急に　空が　くらく　なって　きました。⑬
1 寒く　2 暑く　3 明く　4 暗く

5 うちの　学校の　こうちょう先生は　やさしいです。
1 公長　2 工長　3 校長　4 講長

6 この　かみに　名前と　じゅうしょを　書いて　ください。⑫⑱
1 紙　2 級　3 続　4 終

7 しゅうまつは　家で　ずっと　えいがを　見て　いました。⑭
1 映面　2 央面　3 映画　4 中画

8 家の　うらに　はやしが　あります。⑭
1 村　2 森　3 木　4 林

9 かぞくは　みんな　ちがう　ところに　住んで　います。
1 火旅　2 火族　3 家旅　4 家族

10 家に　帰ると　へやの　電気が　ついたままでした。
1 居間　2 台所　3 部屋　4 玄関

もんだい2 ＿＿の ことばは どう かきますか。 1・2・3・4から いちばん いい ものを ひとつ えらんで ください。

1 3日 いないに この 仕事を 終わらせなければ なりません。

1 以上　2 以内　3 以外　4 以下

2 もう そろそろ しけんなので べんきょうを しなければ なりません。⑫

1 勉弦　2 勉弱　3 勉強　4 勉引

3 これは 彼との おもいでの 写真です。

1 恵い出　2 忘い出　3 志い出　4 思い出

4 うちの おっとは 朝 なかなか おきません。⑩⑬

1 走きません　2 起きません　3 超きません　4 徒きません

5 ごご 3時に なったら コーヒーでも 飲んで 休みませんか。

1 午上　2 午下　3 午後　4 午前

6 昨日の 夜から ゆきが ふりはじめました。⑪

1 雲　2 雪　3 雷　4 雨

7 学校の じゅぎょうに まにあって 安心しました。⑫

1 間に合って　2 真に合って　3 間に会って　4 真に会って

8 田中さんの おねえさんが 来月 けっこんするそうです。

1 お兄さん　2 お姉さん　3 お客さん　4 お妹さん

9 今の じだい ケータイを 持って いない 人は ほとんど いません。

1 近代　2 年代　3 時代　4 現代

10 こたえは 教科書の うしろの ページを 見て ください。⑮

1 算え　2 答え　3 符え　4 管え

정답 및 해석 p.87

もんだい2 ＿＿の　ことばは　どう　かきますか。　1・2・3・4から　いちばん　いい　ものを　ひとつ　えらんで　ください。

1 この　くすりを　のめば　すぐ　なおります。⑬

1 果　2 楽　3 菓　4 薬

2 私は　じてんしゃに　のれます。⑫

1 降れます　2 乗れます　3 座れます　4 立れます

3 さいきん　ストレスが　とても　たまって　いるんです。

1 最今　2 最近　3 再今　4 再近

4 じむしょは　この　ビルの　地下に　あります。

1 車務所　2 事務所　3 車務書　4 事務書

5 ぎゅうにゅうの　かわりに　水を　つかっても　いいです。

1 替わりに　2 変わりに　3 代わりに　4 換わりに

6 うちの　会社の　ひるやすみは　1時間しか　ありません。

1 朝休み　2 昼休み　3 夜休み　4 夕休み

7 国の　りょうしんに　プレゼントを　おくりました。⑩⑪⑬

1 入りました　2 返りました　3 速りました　4 送りました

8 町が　大きく　なる　ためには　さんぎょうが　さかんじゃ　なければ　なりません。

1 漁業　2 産業　3 農業　4 工業

9 この　やまみちは　少し　せまくて　あぶないです。

1 山送　2 山退　3 山道　4 山追

10 この　たてものは　じしんが　起きても　大丈夫です。

1 建物　2 立物　3 経物　4 健物

 정답 및 해석 p.87

もんだい2 ＿＿の ことばは どう かきますか。 1・2・3・4から いちばん いい ものを ひとつ えらんで ください。

1 日本語は かんじが たくさん あって むずかしいです。
1 感字　2 漢字　3 漢自　4 感自

2 あついから、エアコンを つけて ください。
1 暑い　2 熱い　3 厚い　4 暖い

3 しんごうは 赤、青、黄の さんしょくです。
1 三植　2 三食　3 三色　4 三触

4 むかしに もどれたら いいんですが…。
1 返れたら　2 帰れたら　3 戻れたら　4 復れたら

5 分からない ことばは じしょを 引いて ください。
1 字典　2 字書　3 辞典　4 辞書

6 この 服は じょうぶな いとを つかって いるので 高いです。
1 靴　2 針　3 布　4 糸

7 とうきょうとは 人が 多いです。
1 東京道　2 東京市　3 東京都　4 東京区

8 ダイエットを して いるので 昨日の ゆうはんは 食べませんでした。
1 夕飯　2 晩飯　3 朝飯　4 昼飯

9 おそく なる 時は しらせて ください。
1 告らせて　2 知らせて　3 和らせて　4 使らせて

10 そとから なにか おとが 聞こえます。
1 歌　2 事　3 首　4 音

もんだい 2 ▸ 표기 확인문제 ⑫

정답 및 해석 p.87

もんだい2 ＿＿の ことばは どう かきますか。 1・2・3・4から いちばん いい ものを ひとつ えらんで ください。

1 私が よく 行く きっさてんは コーヒーが とても おいしいんです。
1 切茶点　2 切茶店　3 喫茶点　4 喫茶店

2 私は 学校で 子どもたちに 英語を おしえて います。⑪
1 教えて　2 数えて　3 考えて　4 覚えて

3 むかしに くらべて じどうしゃを 持って いる 人が 多く なりました。
1 自働車　2 自動車　3 自軽車　4 自転車

4 この 学校の 先生たちは 毎月 一度 集まって けんきゅうかいを して います。
1 研究会　2 研究合　3 見究会　4 見究合

5 言葉の つかいかたに 気を つけて ください。
1 読い方　2 話い方　3 使い方　4 聞い方

6 はやく しないと 学校に ちこく しますよ。
1 早く　2 遅く　3 長く　4 短く

7 ようじが あるので、今日は お先に しつれいします。⑮
1 月事　2 用事　3 周事　4 同事

8 ちずを 見ながら ここまで 歩いて 来ました。
1 也図　2 池図　3 他図　4 地図

9 さっき 友達と わかれて 今 家に 着きました。
1 別れて　2 若れて　3 分れて　4 解れて

10 ちかくに 来た ときは ぜひ 言って ください
1 近く　2 遠く　3 速く　4 遅く

정답 및 해석 p.88

もんだい2 ＿＿の　ことばは　どう　かきますか。1・2・3・4から　いちばん　いい　ものを　ひとつ　えらんで　ください。

1 手紙を　送る　ためには　きってが　必要です。
1 切目　2 切足　3 切手　4 切耳

2 ふとらないように　毎日　運動を　するように　して　います。
1 犬らない　2 大らない　3 太らない　4 天らない

3 今日は　たいしかんに　行って　新しい　パスポートを　もらって　きます。
1 映画館　2 大使館　3 美術館　4 図書館

4 私は　スーパーで　しなものを　ならべる　アルバイトを　して　います。
1 品物　2 器物　3 品者　4 器物

5 かいぎは　4時に　おわります。⑭
1 開ります　2 始ります　3 閉ります　4 終ります

6 彼は　せかいの　いろいろな　ところに　行って　いる　有名な　しゃしんか　です。
1 写真課　2 写真科　3 写真家　4 写真化

7 けいさつかんは　しみんの　安全を　まもる　人です。
1 市眠　2 史民　3 市民　4 史眠

8 おさけの　中でも　とくに　ワインが　好きです。
1 待に　2 持に　3 時に　4 特に

9 わあ、きれいな　色の　ようふくですね。よく　似合って　いますよ。
1 洋報　2 様服　3 洋服　4 様報

10 わたしの　家には　パソコンが　2だい　あります。
1 代　2 体　3 回　4 台

확인문제 ⑭

정답 및 해석 p.88

もんだい2　＿＿の　ことばは　どう　かきますか。　1・2・3・4から　いちばん　いい　ものを　ひとつ　えらんで　ください。

1 りゆうを　聞いて　みても　彼は　何も　こたえませんでした。⑬⑮
1 裏由　2 里由　3 利由　4 理由

2 そつぎょうしきには　きものを　着て　行こうと　思って　います。
1 気者　2 来者　3 着物　4 記者

3 大丈夫ですか。ひとりで　もてますか。
1 捨てます　2 押てます　3 拾てます　4 持てます

4 しんぶんしゃでの　仕事は　朝　早くから　夜　おそくまでなので　大変です。
1 親間社　2 親聞社　3 新間社　4 新聞社

5 とおくに　見える　山が　ふじさんです。
1 速くに　2 遠くに　3 近くに　4 遅くに

6 私の　しゅみは　花の　しゃしんを　とる　ことです。
1 写信　2 射真　3 写真　4 射信

7 この　にもつは　かるいです。
1 軽い　2 重い　3 太い　4 広い

8 ぎんこうで　お金を　かりて　家を　買いました。
1 貸りて　2 借りて　3 売りて　4 返りて

9 私は　海で　およいだ　ことが　あります。⑭
1 海いだ　2 泳いだ　3 港いだ　4 注いだ

10 田中さんの　おくさんは　とても　しんせつな　方です。
1 新切　2 親切　3 大切　4 優切

もんだい2 ＿＿の ことばは どう かきますか。 1・2・3・4から いちばん いい ものを ひとつ えらんで ください。

1 おきなわけんの ひとは あつさに なれて いる 人が 多いです。
1 暑さ　2 熱さ　3 厚さ　4 暖さ

2 1階の じどうドアに 気を つけて ください。
1 自転　2 自同　3 自動　4 自働

3 きゅうこうに のった 方が 早く つきますよ。
1 急校　2 急行　3 急高　4 急公

4 どこからか とりが とんで きました。⑰
1 鳴　2 鳩　3 島　4 鳥

5 かいしゃが 家から とおくて とても ふべんです。
1 会者　2 会社　3 回社　4 社会

6 ぎんこうは ふつう 午後 3時まで えいぎょうしています。
1 金行　2 銀行　3 銀公　4 金公

7 道が こんで いて、 くるまが すすめません。⑭
1 推めません　2 進めません　3 誰めません　4 集めません

8 かわむらさんの ごしゅじんは とても 明るくて やさしい 人です。
1 守人　2 主人　3 手人　4 首人

9 朝ごはんは いつも じぶんで つくります。
1 自分で　2 自由で　3 自動で　4 自力で

10 私の りょうしんは 一緒に 会社を けいえい して います。
1 両親　2 両新　3 良親　4 良新

정답 및 해석 p.88

もんだい2 ＿＿の ことばは どう かきますか。 1・2・3・4から いちばん いい ものを ひとつ えらんで ください。

1 私は やさい いがいは 食べません。

1 以貝　2 以外　3 意外　4 意貝

2 せいようでは 食事の 時 パンを よく 食べて います。

1 南洋　2 北洋　3 東洋　4 西洋

3 駅に ついたら お電話ください。

1 着いたら　2 到いたら　3 通いたら　4 立いたら

4 にくの 中でも とくに ぎゅうにくが 好きです。

1 午内　2 牛内　3 牛肉　4 午肉

5 てがみに きってを はって ください。

1 着物　2 切手　3 切符　4 来手

6 私は かぞくと いっしょに すんで います。⑫⑮

1 住んで　2 往んで　3 注んで　4 主んで

7 すみませんが、今日は なんようびでしたっけ。

1 何濯日　2 荷曜日　3 何曜日　4 荷曜日

8 この スカートは 少し みじかいです。

1 長い　2 短い　3 安い　4 低い

9 この 本は もう ぜんぶ 読みました。

1 前部　2 大部　3 金部　4 全部

10 私は そぼの 若いころに にて いると よく 言われます。

1 祖母　2 姐母　3 組母　4 狙母

정답 및 해석 p.89

もんだい2 ＿＿の ことばは どう かきますか。 1・2・3・4から いちばん いい ものを ひとつ えらんで ください。

1 きょうしつには もう だれも いませんでした。
1 教室　2 経室　3 京室　4 強室

2 ボールペンを かして くれませんか。
1 借して　2 貸して　3 返して　4 回して

3 あの どうぶつは くびが ながいです。
1 目　2 肩　3 首　4 鼻

4 会社までの いきかたは ふたつ あります。
1 往き方　2 言き方　3 生き方　4 行き方

5 この ビルの ちゅうしゃじょうは むりょうです。
1 夢料　2 無料　3 無料　4 夢科

6 この むらの まつりを 見に 行きませんか。
1 林　2 村　3 森　4 体

7 この ビルは １０年前に たてられました。⑪
1 律てられました　2 建てられました
3 津てられました　4 健てられました

8 だいどころに 食器が あるので 持って きて くれませんか。
1 代所　2 大所　3 台所　4 第所

9 しつれいですが、この辺に くすりやは ありますか。
1 楽家　2 楽屋　3 薬家　4 薬屋

10 かぞくは みんな げんきです。
1 強気　2 元気　3 健気　4 短気

확인문제 ⑱

정답 및 해석 p.89

もんだい2　＿＿の　ことばは　どう　かきますか。　1・2・3・4から　いちばん　いい　ものを　ひとつ　えらんで　ください。

1 今日は　道が　こみそうなので　ちかてつで　帰ります。
1 池下鉄　2 地化鉄　3 地下鉄　4 池化鉄

2 私は　むかしの　お金を　あつめる　ことが　しゅみです。⑫
1 集める　2 進める　3 準める　4 隼める

3 ごきょうだいは　いらっしゃいますか。
1 兄弟　2 姉妹　3 家族　4 親子

4 かないが　今　入院中なので　子どもの　せわが　大変なんです。
1 科内　2 火内　3 家内　4 課内

5 ひきだしに　入れた　はずの　写真が　なくなって　しまいました。
1 押き出し　2 引き出し　3 引き入し　4 押き入し

6 それでは　1時間後に　また　この　ひろばに　集まって　ください。
1 高場　2 大場　3 多場　4 広場

7 あそこの　あおい　ひかりは　ほんとうに　きれいですね。
1 光　2 米　3 輝　4 茶

8 電車の　まどから　なんども　彼の　名前を　よびました。
1 何番も　2 何回も　3 何度も　4 何杯も

9 週末　たいふうが　来るそうですよ。気を　つけて　ください。
1 台風　2 大風　3 邪風　4 雨風

10 目を　とじて　いろいろな　ことを　考えます。⑩⑱
1 閉じて　2 開じて　3 聞じて　4 問じて

정답 및 해석 p.89

もんだい2 ＿＿の ことばは どう かきますか。 1・2・3・4から いちばん いい ものを ひとつ えらんで ください。

1 どこからか たのしそうな おんがくが 聞こえて きました。

1 音楽 2 音学 3 恩学 4 恩楽

2 遠い ところに 住んで いる 友達に てがみを 書きました。

1 手髪 2 手神 3 手紙 4 手上

3 とかいの 人は みんな いつも いそがしそうです。⑱

1 通合 2 都合 3 通会 4 都会

4 来週の デートが 今から とても たのしみです。

1 喜しみ 2 嬉しみ 3 楽しみ 4 薬しみ

5 車の エンジンが うごきません。⑫

1 動きません 2 働きません 3 勤きません 4 重きません

6 どうぶつの 中では 犬が いちばん 好きです。

1 働物 2 動勿 3 動物 4 働勿

7 もう 12時ですし、 そろそろ ひるごはんに しませんか。⑮⑱

1 昼ご飯 2 夜ご飯 3 朝ご飯 4 夕ご飯

8 何も 考えないで 歩いて いたら とおくまで 来て しまいました。

1 近く 2 遠く 3 速く 4 遅く

9 明日 かみのけを ちゃいろに そめる 予定です。

1 灰色 2 黄色 3 緑色 4 茶色

10 ひっこしを てつだって くれた おれいに ご飯を おごりました。

1 お礼 2 お例 3 お令 4 お冷

 정답 및 해석 p.89

もんだい2　＿＿の　ことばは　どう　かきますか。 1・2・3・4から　いちばん　いい　ものを　ひとつ　えらんで　ください。

1 ベンチには　ひとりの　だんせいが　すわって　いました。⑫⑬
1 女性　2 男性　3 男生　4 女生

2 この　ボタンを　おすと　てんいんが　来ます。⑬
1 押す　2 伸す　3 申す　4 甲す

3 うわぎは　こちらの　ハンガーに　おかけください。
1 上気　2 上着　3 浮気　4 浮着

4 では、　教科書の　１０ページを　ひらいて　ください。
1 聞いて　2 門いて　3 問いて　4 開いて

5 かべに　頭を　ぶつけないように　ごちゅういください。
1 窓　2 門　3 床　4 壁

6 今月の　でんわだいが　思ったより　かかって　とても　びっくりしました。
1 電話第　2 電話大　3 電話代　4 電話台

7 最近の　ははおやは　子どもに　いろいろな　勉強を　させるそうです。
1 祖父　2 父親　3 母親　4 祖母

8 外国を　りょこうしたいです。
1 流行　2 旅行　3 両行　4 料行

9 きんじょに　ひっこして　きました。よろしく　おねがいします。
1 便所　2 台所　3 近所　4 名所

10 最近　くうきが　とても　きたなくて　のどが　いたいです。
1 空記　2 空機　3 空器　4 空気

확인문제 정답 및 해석

확인문제 ①

1 ④ 조만간 집에서 파티를 열려고 생각하고 있습니다.
2 ① 교통이 불편한 곳에서는 살고 싶지 않습니다.
3 ③ 콘서트 회장의 입구는 이쪽입니다.
4 ③ 그의 눈은 파랗고 무척 예쁩니다.
5 ④ 고기만 먹지 말고 채소도 먹는 편이 좋아요.
6 ④ 집 근처에 최근 영화관이 생겼습니다.
7 ① 아무리 그 사람을 위해서라도 거짓말을 하는 것에는 반대입니다.
8 ① 여기 빵은 매우 잘 팔리고 있습니다.
9 ③ 회사까지 매일 버스를 타고 갑니다.
10 ② 근처에 별로 가게가 없는 점이 조금 불편합니다.

확인문제 ②

1 ① 저는 검은 머리의 여자를 좋아합니다.
2 ③ 최근의 의학은 크게 발전하여 편리해졌습니다.
3 ③ 저는 일본 문화를 연구하고 있습니다.
4 ① 어젯 밤 비가 아주 세차게 내렸습니다.
5 ③ 검사를 위해서 입원을 하게 되었습니다.
6 ④ 이 배로 많은 물건을 운반할 수 있습니다.
7 ③ 머리를 말리지 않고 자서 감기에 걸려 버렸습니다.
8 ② 초등학생 때 교실을 청소하는 담당이었습니다.
9 ① 누군가가 갑자기 큰 목소리를 내서 깜짝 놀랐습니다.
10 ② 잠깐 주변을 같이 걷지 않겠습니까?

확인문제 ③

1 ③ 이 풀은 먹을 수 있습니다.
2 ③ 요 일주일 정말 빨랐습니다.
3 ③ 오늘은 눈도 와서 춥네요.
4 ③ 어제 마을 중심에서 큰 화재가 있었습니다.
5 ② 지금부터 이 도구의 사용법을 설명하겠습니다.
6 ③ 영화의 끝이 가까워졌습니다.
7 ④ 이제 곧 좋아하는 텔레비전 프로그램이 시작됩니다.
8 ① 언제나 남편이 돌아오는 것을 기다렸다가 잡니다.
9 ① 그는 지금 일을 그만두려고 하고 있습니다.
10 ③ 죄송합니다. 그날은 좀 사정(상황)이 나쁩니다.

확인문제 ④

1 ② 졸리지만 오늘은 힘내서 공부를 하지 않으면 안 됩니다.
2 ① 이제부터 수업을 시작하겠습니다.
3 ② 이 언덕을 오르면 우리 학교가 있습니다.
4 ② 그다지 요리를 잘하는 편은 아닙니다.
5 ② 이 역에는 출구가 3개 있습니다.
6 ④ 할아버지는 옛날에 비행기 파일럿이었습니다.
7 ② 새 집은 역에서 멀어서 불편합니다.
8 ④ 그는 매번 항상 무언가를 잃어버립니다.
9 ② 요즘은 영어가 무척 중요한 시대가 되었습니다.
10 ① 이 사람은 몸이 약합니다.

확인문제 ⑤

1 ③ 텔레비전으로 야구 시합을 보는 것을 좋아합니다.
2 ① 제가 자주 가는 병원의 의사 선생님은 무척 잘 해 주십니다.
3 ① 집에서 역까지는 걸어서 15분 정도 걸립니다.
4 ② 이 사과는 빨개서 맛있어 보입니다.
5 ④ 이제부터 매일 조금씩 일기를 쓰기로 했습니다.
6 ② 회사에서 일할 때 힘든 것은 인간관계 문제입니다.
7 ② 달리면 그 버스에 탈 수 있을까요?
8 ④ 벚나무의 가지를 꺾지 말아 주세요.
9 ③ 콘서트 회장(행사장)이 무척 넓어서 놀랐습니다.
10 ④ 미용실에 갔더니 사람이 아주 많아서 다른 날로 예약을 했습니다.

확인문제 ⑥

1 ③ 회사 옥상에서 많은 꽃을 기르고 있습니다.
2 ③ 요즘 휴대전화는 무척 편리해졌습니다.
3 ② 우리 엄마는 주말에 슈퍼에서 일합니다.
4 ③ 나는 가을을 제일 좋아합니다.
5 ③ 일본에는 많은 문학 작품이 있습니다.
6 ③ 그녀를 만난 것은 작년 겨울이었습니다.
7 ④ 돌아오는 길은 택시를 타기 때문에 걱정하지 않아도 괜찮아요.
8 ③ 제 병에 대한 건 아직 아무한테도 말하지 말아 주세요.
9 ④ 영업 일은 즐겁습니다.
10 ③ 이삿짐이 많아서 무척 힘듭니다.

확인문제 7

1 ② 단맛이 납니다.
2 ② 정월에는 가족 모두가 모입니다.
3 ④ 여기는 공업으로 유명한 도시입니다.
4 ③ 여름이라 이 시간이 되어도 아직 밝습니다.
5 ③ 매점에서 도시락을 사려고 생각했는데 오늘은 쉬는 날이었습니다.
6 ② 아버지는 운전을 무척 잘합니다.
7 ① 노트에 예쁘게 쓰기 위해서 줄을 그었습니다.
8 ② 이 나라의 문화가 매우 마음에 들었습니다.
9 ② 독신생활은 매일 집안일을 혼자서 해야 해서 힘듭니다.
10 ③ 운전을 너무 해서 팔이 아픕니다.

확인문제 8

1 ③ 그의 형은 도쿄에 살고 있습니다.
2 ② 바로 돌아올 테니까 조금 기다려 주세요.
3 ① 새로운 소설을 사러 서점에 갔다 왔습니다.
4 ④ 갑자기 하늘이 어두워졌습니다.
5 ③ 우리 학교의 교장선생님은 상냥합니다.
6 ① 이 종이에 이름과 주소를 적어 주세요.
7 ③ 주말에는 집에서 계속 영화를 봤습니다.
8 ④ 집 뒤에 숲이 있습니다.
9 ④ 가족은 모두 다른 곳에 살고 있습니다.
10 ③ 집에 돌아가니 방의 전기가 켜져 있는 상태였습니다.

확인문제 9

1 ② 3일 이내에 이 일을 끝내야 합니다.
2 ③ 이제 슬슬 시험이므로 공부를 해야 합니다.
3 ④ 이것은 그와의 추억의 사진입니다.
4 ② 우리 남편은 아침에 좀처럼 일어나지 않습니다.
5 ③ 오후 3시가 되면 커피라도 마시고 쉬지 않겠습니까?
6 ② 어젯밤부터 눈이 내리기 시작했습니다.
7 ① 학교 수업에 늦지 않아 안심했습니다.
8 ② 다나카 씨의 누나가 다음달 결혼한다고 합니다.
9 ③ 지금 시대에 휴대전화를 가지고 있지 않은 사람은 거의 없습니다.
10 ② 답은 교과서의 뒤 페이지를 봐 주세요.

확인문제 10

1 ④ 이 약을 먹으면 바로 낫습니다.
2 ② 저는 자전거를 탈 수 있습니다.
3 ② 최근 스트레스가 무척 쌓여 있습니다.
4 ② 사무소는 이 빌딩의 지하에 있습니다.
5 ③ 우유 대신 물을 사용해도 됩니다.
6 ② 우리 회사의 점심시간은 1시간밖에 없습니다.
7 ④ 고국에 있는 부모님께 선물을 보냈습니다.
8 ② 마을이 커지기 위해서는 산업이 활성화 되어야 합니다.
9 ③ 이 산길은 조금 좁아서 위험합니다.
10 ① 이 건물은 지진이 일어나도 괜찮습니다.

확인문제 11

1 ② 일본어는 한자가 많이 있어서 어렵습니다.
2 ① 더우니까 에어컨을 켜 주세요.
3 ③ 신호등은 빨강, 파랑, 노랑의 삼색입니다.
4 ③ 옛날로 돌아갈 수 있으면 좋을 텐데요.
5 ④ 모르는 말은 사전을 찾아 주세요.
6 ④ 이 옷은 튼튼한 실을 썼기 때문에 비쌉니다.
7 ③ 도쿄도는 사람이 많습니다.
8 ① 다이어트를 하고 있어서 어제 저녁밥은 먹지 않았습니다.
9 ② 늦어질 때는 알려 주세요.
10 ④ 밖에서 무슨 소리가 들립니다.

확인문제 12

1 ④ 제가 자주 가는 찻집은 커피가 무척 맛있습니다.
2 ① 저는 학교에서 아이들에게 영어를 가르치고 있습니다.
3 ② 옛날에 비해서 자동차를 갖고 있는 사람이 많아졌습니다.
4 ① 이 학교의 선생님들은 매달 한 번 모여서 연구모임을 하고 있습니다.
5 ③ 언어 사용에 주의해 주세요.
6 ① 빨리 하지 않으면 학교에 지각해요.
7 ② 용무가 있어서 오늘은 먼저 실례하겠습니다.
8 ④ 지도를 보면서 여기까지 걸어 왔습니다.
9 ① 아까 친구와 헤어지고 지금 집에 도착했습니다.
10 ① 근처에 왔을 때는 꼭 말해 주세요.

확인문제 정답 및 해석

확인문제 13

1 ③ 편지를 보내기 위해서 우표가 필요합니다.
2 ③ 살이 찌지 않도록 매일 운동을 하도록 하고 있습니다.
3 ② 오늘은 대사관에 가서 새로운 여권을 받아 옵니다.
4 ① 저는 슈퍼에서 물건을 진열하는 아르바이트를 하고 있습니다.
5 ④ 회의는 4시에 끝납니다.
6 ③ 그는 세계의 여러 곳에서 활동을 하고 있는 유명한 사진가입니다.
7 ③ 경찰관은 시민의 안전을 지키는 일입니다.
8 ④ 술 중에서도 특히 와인이 좋습니다.
9 ③ 와아, 예쁜 색의 양복이네요. 잘 어울려요.
10 ④ 우리 집에는 컴퓨터가 2대 있습니다.

확인문제 14

1 ④ 이유를 물어 봐도 그는 아무것도 대답하지 않았습니다.
2 ③ 졸업식에는 기모노를 입고 가려고 생각하고 있습니다.
3 ④ 괜찮으십니까? 혼자서 들 수 있으십니까?
4 ④ 신문사에서의 일은 아침 일찍부터 밤 늦게까지라서 힘듭니다.
5 ② 멀리 보이는 산이 후지산입니다.
6 ③ 제 취미는 꽃 사진을 찍는 것입니다.
7 ① 이 짐은 가볍습니다.
8 ② 은행에서 돈을 빌려 집을 샀습니다.
9 ② 저는 바다에서 수영한 적이 있습니다.
10 ② 다나카 씨의 부인은 매우 친절한 분입니다.

확인문제 15

1 ① 오키나와 현의 사람은 더위에 익숙한 사람들이 많습니다.
2 ③ 1층의 자동문을 조심해 주세요.
3 ② 급행을 타는 편이 빨리 도착합니다.
4 ④ 어디선가 새가 날아 왔습니다.
5 ② 회사가 집에서 멀어서 무척 불편합니다.
6 ② 은행은 보통 오후 3시까지 영업을 하고 있습니다.
7 ② 길이 밀려서 차가 앞으로 가지 못합니다.
8 ② 가와무라 씨의 남편은 무척 밝고 상냥한 사람입니다.
9 ① 아침 식사는 항상 직접 만듭니다.
10 ① 우리 부모님은 함께 회사를 경영하고 있습니다.

확인문제 16

1 ② 저는 채소 이외에는 먹지 않습니다.
2 ④ 서양에서는 식사 때 빵을 자주 먹습니다.
3 ① 역에 도착하면 전화해 주세요.
4 ③ 고기 중에서도 특히 소고기를 좋아합니다.
5 ② 편지에 우표를 붙여 주세요.
6 ① 저는 가족과 함께 살고 있습니다.
7 ③ 죄송하지만, 오늘은 무슨 요일이었죠?
8 ② 이 치마는 좀 짧습니다.
9 ④ 이 책은 벌써 전부 읽었습니다.
10 ① 저는 할머니의 젊었을 적을 닮았다는 말을 자주 듣습니다.

확인문제 17

1 ① 교실에는 벌써 아무도 없었습니다.
2 ② 볼펜을 빌려 주지 않겠습니까?
3 ③ 저 동물은 목이 깁니다.
4 ④ 회사까지 가는 방법은 두 가지 있습니다.
5 ③ 이 건물의 주차장은 무료입니다.
6 ② 이 마을의 축제를 보러 가지 않겠습니까?
7 ② 이 건물은 10년 전에 세워졌습니다.
8 ③ 부엌에 식기가 있으니 가져와 주지 않겠어요?
9 ④ 실례합니다만 이 근처에 약국은 있습니까?
10 ② 가족은 모두 건강합니다.

확인문제 18

1 ③ 오늘은 길이 막힐 것 같으니 지하철로 돌아가겠습니다.
2 ① 저는 옛날 화폐를 모으는 것이 취미입니다.
3 ① 형제는 있으신가요?
4 ③ 아내가 지금 입원 중이라 아이 돌보기가 힘듭니다.
5 ② 서랍에 분명히 넣었다고 생각한 사진이 사라졌습니다.
6 ④ 그럼 1시간 후에 다시 이 광장에 모여 주세요.
7 ① 저기 파란 빛은 정말로 예쁘네요.
8 ③ 전차의 창문에서 몇 번이고 그의 이름을 불렀습니다.
9 ① 주말 태풍이 온다고 합니다. 조심하세요.
10 ① 눈을 감고 여러 가지를 생각합니다.

확인문제 19

1 ① 어디선가 즐거운 음악이 들려왔습니다.
2 ③ 먼 곳에 살고 있는 친구에게 편지를 썼습니다.
3 ④ 도시의 사람은 모두 언제나 바빠 보입니다.
4 ③ 다음 주 데이트가 지금부터 아주 기대됩니다.
5 ① 자동차 엔진이 움직이지 않습니다.
6 ③ 동물 중에서는 개가 가장 좋습니다.
7 ① 이제 12시니 슬슬 점심을 먹을까요?
8 ② 아무것도 생각하지 않고 걸었더니 멀리까지 와 버렸습니다.
9 ④ 내일 머리카락을 갈색으로 염색할 예정입니다.
10 ① 이사를 도와준 답례로 밥을 샀습니다.

확인문제 20

1 ② 벤치에는 한 명의 남성이 앉아 있었습니다.
2 ① 이 버튼을 누르면 점원이 옵니다.
3 ② 겉옷은 이쪽의 옷걸이에 걸어 주세요.
4 ④ 그럼, 교과서의 10페이지를 펼쳐 주세요.
5 ④ 벽에 머리를 부딪치지 않게 주의해 주세요.
6 ③ 이번 달의 전화 요금이 생각보다 더 나와서 많이 놀랐습니다.
7 ③ 요즘 어머니는 자녀에게 여러 가지 공부를 시킨다고 합니다.
8 ② 외국을 여행하고 싶습니다.
9 ③ 근처로 이사 왔습니다. 잘 부탁드립니다.
10 ④ 최근 공기가 무척 나빠서 목이 아픕니다.

JLPT

N4

ごい

어휘편

- もんだい 3 문맥규정
- もんだい 4 유의표현
- もんだい 5 용법

학습포인트

〈もんだい1, 2〉가 한자 읽기와 쓰기 문제였다면, 〈もんだい3, 4, 5〉는 단어의 의미를 묻는 문제들로 구성되어 있다. 이렇게 성격이 다른 〈もんだい3, 4, 5〉의 기출 문제를 분석하여 어휘편으로 분류하였다.

1 동작성 명사

※어휘 옆 숫자는 기출 연도입니다.

□あんない	案内	안내 ⑩⑫	□えんりょ	遠慮	사양함, 삼감, 조심함 ⑬
□かいぎ	会議	회의	□かくにん	確認	확인
□かんどう	感動	감동	□きこく	帰国	귀국 ⑱
□きょういく	教育	교육	□きょうそう	競争	경쟁
□きんちょう	緊張	긴장	□げしゅく	下宿	하숙
□けしょう	化粧	화장	□けんか	喧嘩	싸움 ⑮
□こうぎ	講義	강의	□こうじ	工事	공사
□こしょう	故障	고장(나다) ⑪⑫	□さんか	参加	참가
□さんせい	賛成	찬성	□したく	支度	준비
□しちゃく	試着	입어 봄	□しっぱい	失敗	실패 ⑫
□しつれい	失礼	실례	□じゃま	邪魔	방해, 훼방
□じゅんび	準備	준비	□しょうたい	招待	초대 ⑬
□しょうち	承知	알아들음, 승낙	□せいかつ	生活	생활
□せいさん	生産	생산 ⑫⑭⑮⑱	□せんそう	戦争	전쟁
□そうだん	相談	상담	□そつぎょう	卒業	졸업
□たいいん	退院	퇴원	□ちこく	遅刻	지각 ⑪
□ちゅうしゃ	注射	주사	□ちょきん	貯金	저금 ⑮

□ にゅうがく	入学	입학	□ ねぼう	寝坊	늦잠 ⑪⑬⑭
□ はいたつ	配達	배달	□ はなみ	花見	꽃구경
□ ふくしゅう	復習	복습	□ ほうそう	放送	방송
□ ほんやく	翻訳	번역	□ ゆしゅつ	輸出	수출 ⑬
□ ゆにゅう	輸入	수입	□ よしゅう	予習	예습
□ よやく	予約	예약 ⑪⑬⑲	□ りよう	利用	이용 ⑫⑮⑰
□ れんしゅう	練習	연습	□ れんらく	連絡	연락

기출어휘 체크하기 9

1 빈칸에 뜻을 써 봅시다.

① 案内	あんない	안내	⑪ 運動 — うんどう —
② 用意	ようい		⑫ 生産 — せいさん —
③ 相談	そうだん		⑬ 連絡 — れんらく —
④ 工事	こうじ		⑭ 注意 — ちゅうい —
⑤ 挨拶	あいさつ		⑮ 失礼 — しつれい —
⑥ 予約	よやく		⑯ 利用 — りよう —
⑦ 世話	せわ		⑰ 運転 — うんてん —
⑧ 寝坊	ねぼう		⑱ 招待 — しょうたい —
⑨ 見物	けんぶつ		⑲ 洗濯 — せんたく —
⑩ 見学	けんがく		⑳ 研究 — けんきゅう —

2 빈칸에 반대말과 뜻을 써 봅시다.

① しっぱい	⟷	せいこう / 성공	④ さんせい ⟷
② しつもん	⟷		⑤ ゆしゅつ ⟷
③ にゅうがく	⟷		⑥ ふくしゅう ⟷

2 동사

う

※어휘 옆 숫자는 기출 연도입니다.

□ かう	飼う	기르다, 사육하다	□ かまう		상관하다
□ ちがう	違う	다르다	□ てつだう	手伝う	돕다 ⑬
□ にあう	似合う	어울리다 ⑩⑬	□ はらう	払う	지불하다 ⑪
□ ひろう	拾う	줍다 ⑬⑭	□ まよう	迷う	망설이다
□ むかう	向かう	향하다	□ もらう		받다
□ わらう	笑う	웃다			

く·ぐ

□ おどろく	驚く	놀라다 ⑬	□ かたづく	片づく	정리되다
□ かわく	乾く	마르다	□ すく	空く	비다 ⑬
□ つく		붙다	□ つづく	続く	이어지다
□ とどく	届く	도착하다	□ なく	泣く	울다
□ はく		신다	□ ひく	弾く	(악기를) 치다, 켜다
□ ふく	拭く	닦다	□ みがく	磨く	닦다
□ やく	焼く	태우다, 굽다	□ わく	沸く	끓다
□ さわぐ	騒ぐ	떠들다 ⑫	□ ぬぐ	脱ぐ	벗다

す

□ おとす	落とす	떨어뜨리다 ⑪⑬	□ おろす	降ろす	내리다, (탈것에서) 내려놓다
□ けす	消す	끄다	□ こわす	壊す	부수다
□ さがす	探す	찾다 ⑬	□ さす		(우산을) 쓰다 ⑩⑫
□ たす	足す	더하다	□ だす	出す	내다, 제출하다
□ なおす	直す	고치다	□ なくす	無くす	잃다, 분실하다
□ はずす	外す	떼어내다, 벗기다	□ ひっこす	引っ越す	이사하다
□ ひやす	冷やす	식히다, 차게 하다	□ よごす	汚す	더럽히다
□ わかす	沸かす	끓이다	□ わたす	渡す	건네다, 넘기다

つ

□ うつ	打つ	때리다, 치다, 부딪다	□ かつ	勝つ	이기다

む・ぶ

□ かむ	かむ	씹다	□ こむ	込(混)む	붐비다 ⑪⑬⑮
□ すむ	済む	끝나다	□ たのしむ	楽しむ	즐기다
□ たのむ	頼む	부탁하다	□ つつむ	包む	싸다 ⑫
□ ぬすむ	盗む	훔치다	□ ふむ	踏む	밟다
□ もうしこむ	申し込む	신청하다	□ やむ	止む	(비가) 그치다, 멈추다 ⑬
□ よむ	読む	읽다	□ あそぶ	遊ぶ	놀다
□ えらぶ	選ぶ	선택하다	□ ならぶ	並ぶ	늘어서다, 줄을 서다
□ よぶ	呼ぶ	부르다	□ よろこぶ	喜ぶ	기뻐하다

る

□あがる	上がる	(열 등이) 오르다	□おちる	落ちる	떨어지다
□あげる		(내가 남에게) 주다	□あやまる	謝る	사과하다⑩⑪
□いきる	生きる	살다	□いじめる		괴롭히다
□いのる	祈る	기도하다, 기원하다	□うえる	植える	심다
□うけとる	受け取る	받다, 수취하다	□うける	受ける	받다, (시험을) 치르다
□うつる	移る	옮기다, 이동하다	□おくれる	遅れる	늦다⑭
□おこる	怒る	화내다	□おどる	踊る	춤추다⑫
□おぼえる	覚える	익히다, 외우다⑫	□おりる	降りる	(탈것 등에서) 내리다
□おる	折る	꺾다	□おれる	折れる	접히다, 부러지다
□かえる	変える	바꾸다	□かかる		걸리다, 들다
□かける		걸다	□かざる	飾る	장식하다⑪
□かたづける	片づける	정리하다⑩	□かぶる		(모자를) 쓰다
□かわる	変わる	변하다	□がんばる	頑張る	분발하다
□きえる	消える	꺼지다	□きこえる	聞こえる	들리다
□きめる	決める	정하다 ⑫⑬	□きれる	切れる	다 되다, 끊어지다
□くばる	配る	나눠 주다	□くらべる	比べる	비교하다
□くれる	暮れる	저물다	□くれる		(남이 나에게) 주다
□こわれる	壊れる	깨지다 ⑮	□さがる	下がる	(열 등이) 내리다
□さげる	下げる	내리다	□さめる	冷める	식다
□さわる		만지다⑪	□しかる		혼내다⑪⑭

□ しらせる	知らせる	알려 주다	□ しんじる	信じる	믿다
□ すぎる	過ぎる	지나다, 통과하다	□ すてる	捨てる	버리다
□ すべる		미끄러지다	□ そだてる	育てる	키우다 ⑫⑬
□ たおれる	倒れる	쓰러지다	□ たしかめる	確かめる	확인하다
□ たずねる		묻다	□ たずねる	訪ねる	방문하다
□ たてる	立てる	세우다	□ つかまえる	捕まえる	잡다
□ つける	付ける	붙이다, (불을) 켜다			
□ つたえる	伝える	알리다, 전달하다 ⑩⑪⑮			
□ つづける	続ける	계속하다	□ つとめる	勤める	근무하다
□ つながる		연결되다	□ つる	釣る	잡다, 낚시하다
□ つれる		데리고 가다(오다)	□ でかける	出かける	외출하다
□ できる		생기다	□ とどける	届ける	보내다 ⑭
□ とまる	泊まる	묵다, 숙박하다	□ とめる	止める	세우다, 잠그다
□ とりかえる	取りかえる	바꾸다	□ とる	取(撮)る	집다, (사진을) 찍다
□ とれる	取れる	떨어지다	□ なおる	治る	낫다 ⑩
□ なおる	直る	고쳐지다	□ なくなる		없어지다
□ なくなる	亡くなる	돌아가시다	□ なげる	投げる	던지다
□ なる	鳴る	울리다 ⑩	□ なれる	慣れる	익숙해지다 ⑬
□ にげる	逃げる	도망가다 ⑫⑮	□ にる	似る	닮다
□ ぬる		바르다	□ ぬれる	濡れる	젖다 ⑭
□ ねむる	眠る	잠자다	□ ねる	寝る	자다

□のこる	残る	남다	□のぼる	上る	오르다
□のぼる	登る	(높은 곳에) 오르다	□のりかえる	乗り換える	갈아타다
□はる		붙이다	□ひえる	冷える	식다, 차가워지다 ⑫
□ふえる	増える	늘다 ⑮	□ぶつかる		충돌하다
□ぶつける		부딪다	□ふとる	太る	살찌다 ⑩⑫
□ふまれる		밟히다	□へる	減る	줄다
□ほめる		칭찬하다 ⑪⑬	□まける	負ける	지다
□まちがえる	間違える	잘못 알다	□まもる	守る	지키다
□まわる	回る	돌다, 돌아다니다	□みえる	見える	보이다
□みせる	見せる	보여 주다	□みつかる	見つかる	발견되다
□みつける	見つける	발견하다	□むかえる	迎える	맞이하다
□もえる	燃える	타다	□もどる	戻る	되돌아가다(오다) ⑬
□やける	焼ける	구워지다	□やせる		마르다
□やめる		(담배 등을) 끊다 ⑬	□やる		주다
□ゆれる	揺れる	흔들리다			
□よごれる	汚れる	때 묻다, 더러워지다 ⑫⑭			
□よる	寄る	들르다	□わすれる	忘れる	잊다, 잊고 두고 오다
□わる	割る	깨다 ⑪	□われる	割れる	깨지다

3 통째로 외우면 좋은 표현

※어휘 옆 숫자는 기출 연도입니다.

□アイロンを　かける	다림질을 하다
□お湯(ゆ)を　わかす	물을 끓이다
□にわを　はく	마당을 쓸다
□ふくが　ぬれて　いる	옷이 젖어 있다
□ねっしんに　べんきょうする	열심히 공부하다
□にもつを　はこぶ	짐을 옮기다
□テーブルの　上(うえ)を　ふく	테이블 위를 닦다
□ていねいに　書(か)く	공들여 쓰다, 정성껏 쓰다
□食事代(しょくじだい)を　はらう	식사비를 지불하다
□バスが　込(こ)んで　いる	버스가 붐빈다
□あめが　やむ	비가 그치다
□くるまを　とめる	차를 세우다
□かぎを　かける	(자물쇠를) 잠그다
□ジュースが　ひえて　いる	주스가 차가워져 있다
□母(はは)に　似(に)て　いる	엄마를 닮았다
□手(て)が　汚(よご)れて　いる	손이 더러워져 있다
□かさを　さす	우산을 쓰다
□ぼうしを　かぶる	모자를 쓰다
□めがねを　かける	안경을 쓰다
□電車(でんしゃ)が　すいて　いる	전철이 비어 있다

□ 電車(でんしゃ)が　こんで　いる	전철이 붐비다
□ シャワーを　あびる	샤워를 하다
□ むかえに　いく	마중 가다
□ バスに　のりかえる	버스로 갈아타다
□ スカートを　はく	스커트를 입다
□ かぜが　ふく	바람이 불다
□ はを　みがく	이를 닦다

기출어휘 체크하기 10

1 보기와 같이 적당한 단어를 고르시오.

보기 감기에 걸리다 → かぜを (ふく / (ひく))

① 마당을 쓸다 → にわを (はく / ふく)

② 치마를 입다 → スカートを (はく / ふく)

③ 바람이 불다 → かぜが (ひく / ふく)

④ 양치질하다 → はを (みがく / ふく)

⑤ 샤워를 하다 → シャワーを (あびる / かける)

⑥ 테이블 위를 닦다 → テーブルの 上(うえ)を (ふく / あらう)

⑦ 손을 씻다 → 手を (洗濯(せんたく)する / あらう)

⑧ 손이 더러워져 있다 → 手が (よごれて いる / ぬれて いる)

⑨ 다림질하다 → アイロンを (つける / かける)

⑩ 물을 끓이다 → お湯(ゆ)を (わく / わかす)

⑪ 배가 고프다 → おなかが (あいた / すいた)

⑫ 전철이 붐비다 → 電車(でんしゃ)が (すいて いる / こんで いる)

⑬ 안경을 쓰다 → めがねを (かぶる / かける)

⑭ 모자를 쓰다 → ぼうしを (はく / かぶる)

⑮ 우산을 쓰다 → かさを (かける / さす)

1 い형용사

※어휘 옆 숫자는 기출 연도입니다.

□ あさい	浅い	얕다 ⑫
□ あたたかい	温(暖)かい	따뜻하다
□ あぶない	危ない	위험하다 ⑮
□ あまい	甘い	달다
□ いそがしい	忙しい	바쁘다
□ うすい	薄い	얇다, 연하다 ⑪
□ うつくしい	美しい	아름답다 ⑬
□ うまい		맛있다, 잘하다 ⑪
□ うるさい		시끄럽다
□ うれしい	嬉しい	기쁘다
□ おかしい		이상하다, 우습다
□ おとなしい		얌전하다 ⑩⑪⑬
□ かたい	硬い	딱딱하다 ⑫
□ かなしい	悲しい	슬프다
□ きたない		더럽다, 지저분하다 ⑭
□ きびしい	厳しい	엄하다, 험하다 ⑫⑮
□ こまかい	細かい	잘다, 자세하다
□ こわい	怖い	무섭다
□ さびしい		쓸쓸하다, 적적하다
□ すごい		굉장하다

□ すずしい		시원하다, 선선하다 ⑫
□ すっぱい		시큼하다
□ すばらしい		멋지다
□ たかい	高い	비싸다, 높다 ⑭
□ たりない	足りない	부족하다, 모자라다 ⑬⑮
□ ちいさい	小さい	작다
□ つまらない		시시하다, 하찮다
□ つめたい	冷たい	차갑다 ⑫
□ なつかしい	懐かしい	그립다
□ にがい	苦い	쓰다 ⑪
□ はずかしい	恥ずかしい	부끄럽다
□ ひどい		심하다
□ ふかい	深い	깊다 ⑮
□ ふとい	太い	굵다
□ ほしい		갖고 싶다
□ ほそい	細い	가늘다, 좁다
□ めずらしい	珍しい	진귀하다, 드물다
□ やさしい	易しい	쉽다, 용이하다
□ やさしい	優しい	상냥하다, 마음씨가 곱다
□ やわらかい		부드럽다
□ よろしい		좋다
□ わかい	若い	젊다

な형용사

※어휘 옆 숫자는 기출 연도입니다.

□ あんぜんだ	安全だ	안전하다 ⑱
□ いっしょうけんめいだ	一生懸命だ	열심이다
□ いやだ	嫌だ	싫다
□ おなじだ	同じだ	같다
□ かんたんだ	簡単だ	간단하다
□ きけんだ	危険だ	위험하다 ⑮
□ きらいだ	嫌いだ	싫어하다
□ きれいだ		깨끗하다, 예쁘다
□ けっこうだ	結構だ	괜찮다
□ さかんだ	盛んだ	활발하다, 번창하다
□ ざんねんだ	残念だ	유감스럽다 ⑬⑮
□ しつれいだ	失礼だ	무례하다, 예의없다
□ じゃまだ		방해하다
□ じゆうだ	自由だ	자유롭다
□ じゅうぶんだ	十分だ	충분하다 ⑮
□ じょうずだ	上手だ	잘하다, 능숙하다
□ じょうぶだ	丈夫だ	튼튼하다
□ しんせつだ	親切だ	친절하다 ⑭
□ しんぱいだ	心配だ	걱정스럽다
□ だいじだ	大事だ	소중하다, 중요하다 ⑭

□ だいじょうぶだ	大丈夫だ	괜찮다
□ たしかだ	確かだ	분명하다
□ だめだ	だめだ	좋지 않다, 소용없다
□ ていねいだ	丁寧だ	정중하다 ⑪⑭
□ てきとうだ	適当だ	적당하다, 알맞다
□ にぎやかだ		번화하다, 떠들썩하다 ⑫
□ ねっしんだ	熱心だ	열심이다
□ ひつようだ	必要だ	필요하다
□ ふくざつだ	複雑だ	복잡하다
□ へんだ	変だ	이상하다
□ べんりだ	便利だ	편리하다
□ まじめだ	真面目だ	성실하다 ⑪⑬

정답 및 해석 p.128

기출어휘 체크하기 11

1 보기와 같이 적당한 단어를 고르시오.

보기 감기에 걸리다 → かぜを（ ふく / ひく ）

① 굵은 펜 → （ ふとい / あつい ）ぺん
② 연한 커피 → （ うすい / よわい ）コーヒー
③ 번화한 거리 → （ いそがしい / にぎやかな ）街(まち)
④ 튼튼한 몸 → （ じょうぶな / やわらかい ）からだ
⑤ 깊은 바다 → （ ふとい / ふかい ）海(うみ)

2 빈칸을 채워 봅시다.

① わかい	젊다	⑥ おとなしい	
② きたない		⑦ つめたい	
③ たいせつだ		⑧ すずしい	
④ にがい		⑨ きけんだ	
⑤ ていねいだ		⑩ まじめだ	

3 빈칸에 반대말과 뜻을 써 봅시다.

① こい ↔	うすい / 연하다	⑤ かたい ↔	
② あさい ↔		⑥ にぎやかだ ↔	
③ ほそい ↔		⑦ まずい ↔	
④ よわい ↔		⑧ きびしい ↔	

2 1자 명사

※어휘 옆 숫자는 기출 연도입니다.

□ あし	足	다리 ⑭	□ いと	糸	실
□ うち	内	(범위) 내	□ うで	腕	팔
□ うら	裏	뒤	□ えだ	枝	나뭇가지
□ おいわい	お祝い	축하, 축하 선물	□ おく	億	억(숫자)
□ おっと	夫	남편	□ おもて	表	겉
□ おれい	お礼	사례, 사례 인사(선물) ⑪⑭	□ かがみ	鏡	거울
□ かたち	形	형태, 모양	□ かべ	壁	벽
□ かみ	髪	머리(털)	□ かれ	彼	그, 그 남자
□ かん	缶	캔	□ きず	傷	상처
□ きぬ	絹	실크, 비단	□ きみ	君	너
□ きゃく	客	손님	□ くさ	草	풀
□ け	毛	털	□ けん	軒	채(건물을 세는 말)
□ こ	子	아이	□ さか	坂	언덕
□ さら	皿	접시 ⑰	□ しま	島	섬
□ すな	砂	모래	□ すみ	隅	구석
□ せい	製	~제	□ たな	棚	선반
□ ち	血	피	□ つき	月	달
□ つま	妻	아내	□ て	手	손
□ てつ	鉄	철	□ におい	匂い	냄새
□ ねつ	熱	열 ⑬⑮	□ は	歯	이

□は	葉	잎	□ひ	日	날
□ひ	火	불	□ふくろ	袋	봉투
□ほし	星	별	□みずうみ	湖	호수
□みどり	緑	녹색, 새싹	□むかし	昔	옛날
□むし	虫	벌레	□むすめ	娘	딸
□めん	綿	면	□ゆか	床	바닥
□ゆび	指	손가락	□ゆめ	夢	꿈
□よう	用	용무, 일			

③ 명사

※어휘 옆 숫자는 기출 연도입니다.

□ あいさつ	挨拶	인사 ⑭	□ あす	明日	내일
□ あんぜん	安全	안전 ⑱	□ いか	以下	이하 ⑫
□ いぜん	以前	이전	□ いっけん		(집) 한 채
□ いなか	田舎	시골	□ うけつけ	受付	접수
□ うそ		거짓말	□ うでどけい	腕時計	손목시계
□ うりば	売り場	매장 ⑭	□ うんてんしゅ	運転手	운전기사
□ うんどうかい	運動会	운동회	□ えきまえ	駅前	역 앞
□ おおぜい	大勢	여럿, 많은 사람, 많이 ⑭			
□ おかげ		덕택	□ おきば	置き場	두는 곳
□ おくりもの	贈り物	선물	□ おしいれ	押入れ	벽장
□ おしゃべり		수다(스러움)	□ おじょうさん	お嬢さん	아가씨, 따님
□ おしらせ	お知らせ	알림	□ おつり		거스름돈
□ おどり	踊り	춤	□ おまつり	お祭り	축제
□ おみあい	お見合い	맞선	□ おみまい	お見舞い	병문안 ⑬
□ おみやげ	お土産	여행지 등에서 사오는 선물, 기념품, 토산품 ⑮⑱			
□ おもいで	思い出	추억	□ おもちゃ		장난감
□ おわり	終わり	끝	□ おんがくか	音楽家	음악가
□ かいがい	海外	해외	□ かいがん	海岸	해안
□ かいぎしつ	会議室	회의실	□ がか	画家	화가
□ かがく	科学	과학	□ がくぶ	学部	학부

□かだい	課題	과제	□かちょう	課長	과장
□かっこう	格好	모습, 모양, 꼴	□がっこう	学校	학교
□かでん	家電	가전	□かない	家内	아내
□おかねもち	お金持ち	부자	□かのじょ	彼女	그녀
□かみのけ	髪の毛	머리카락	□かんけい	関係	관계
□かんごし	看護師	간호사	□きかい	機会	기회
□きかい	機械	기계	□ぎじゅつ	技術	기술
□きせつ	季節	계절	□きそく	規則	규칙
□きもち	気持ち	기분, 감정	□きょうかい	教会	교회
□きょうし	教師	교사	□きょうみ	興味	흥미
□きんえん	禁煙	금연 ⑭	□ぐあい	具合	상태, 컨디션
□けいかん	警官	경관	□けいざい	経済	경제
□けいさつ	警察	경찰	□けが		부상 ⑫
□けしき	景色	경치 ⑫	□けしゴム	消しゴム	지우개
□けっか	結果	결과 ⑮	□けっこんしき	結婚式	결혼식
□げんいん	原因	원인	□けんきゅうしつ	研究室	연구실
□けんこう	健康	건강	□げんりょう	原料	원료
□こうがい	郊外	교외	□こうこう	高校	고등학교
□こうさてん	交差点	교차점, 교차로	□こうつうじこ	交通事故	교통사고
□こうどう	講堂	강당	□こうはい	後輩	후배
□こうばん	交番	파출소	□こうむいん	公務員	공무원

□こくさい	国際	국제	□こくばん	黒板	칠판
□こくみん	国民	국민	□ごしゅじん	ご主人	(남의) 남편
□ごちそう		대접함, 맛있는 요리	□このあいだ	この間	저번에, 지난번에
□このごろ	この頃	요즘	□ごみ		쓰레기
□ゴミばこ	ゴミ箱	쓰레기통	□さいご	最後	최후 ⑱
□さいしょ	最初	최초 ⑪	□ざいりょう	材料	재료
□さかみち	坂道	언덕길, 비탈길	□さらいげつ	再来月	다다음 달
□さらいしゅう	再来週	다다음 주	□しかた	仕方	방법
□じこ	事故	사고	□じしん	地震	지진
□したぎ	下着	속옷	□じてん	辞典	사전
□しゃいん	社員	사원	□しゅうかん	習慣	습관 ⑬
□じゅうどう	柔道	유도	□しょうがっこう	小学校	초등학교
□しょうせつか	小説家	소설가	□じょうほう	情報	정보
□しょうらい	将来	장래, 미래 ⑫⑱	□しょくひん	食品	식품
□じょせい	女性	여성	□しょっき	食器	식기
□しょるい	書類	서류	□じんじゃ	神社	신사
□しんぶんし	新聞紙	신문지	□すいえい	水泳	수영
□すいか		수박	□すうがく	数学	수학
□すし		초밥	□せいじ	政治	정치
□せいじか	政治家	정치가	□せいひん	製品	제품
□せきゆ	石油	석유	□せつめいかい	説明会	설명회
□せなか	背中	등	□せんたくき	洗濯機	세탁기

□せんぱい	先輩	선배	□せんもん	専門	전문
□そうじき	掃除機	청소기	□そつぎょうしき	卒業式	졸업식
□たのしみ	楽しみ	즐거움, 낙, 기다려짐	□たまねぎ		양파
□だんぼう	暖房	난방	□ちか	地下	지하
□ちゅうがっこう	中学校	중학교	□ちゅうしゃじょう	駐車場	주차장
□つもり		생각, 작정, 의도	□てぶくろ	手袋	장갑
□でんき	電気	전기, 전등	□てんじょう	天井	천장
□でんち	電池	전지, 배터리	□てんちょう	店長	점장
□でんとう	電灯	전등	□てんらんかい	展覧会	전람회
□どうぐ	道具	도구	□どうろ	道路	도로
□とおく	遠く	먼 곳	□とこや	床屋	이발소
□とちゅう	途中	도중	□どろぼう		도둑
□なつやすみ	夏休み	여름 방학	□にほんせい	日本製	일본 제품, 일제
□にゅうがくしき	入学式	입학식	□ねだん	値段	가격
□のうぎょう	農業	농업	□のど		목, 목구멍
□のりもの	乗り物	탈것, 교통수단	□ばい	倍	배, 갑절
□はいしゃ	歯医者	치과 의사	□はたち	二十歳	스무 살
□ばんぐみ	番組	프로그램	□ひきだし	引き出し	서랍, 인출
□ひげ		수염	□ひこうき	飛行機	비행기
□ひこうじょう	飛行場	비행장	□ひさしぶり	久しぶり	오래간만
□ひっこし	引っ越し	이사	□ひとつき	ひと月	한 달
□びよういん	美容院	미용실	□ひるま	昼間	낮 동안

□ びん		병	□ ふうとう	封筒	봉투
□ ぶちょう	部長	부장(님)	□ ふつう	普通	보통
□ ぶどう		포도	□ ふとん		이불
□ ぶんぽう	文法	문법	□ へんじ	返事	답장
□ ぼうえき	貿易	무역	□ ほうりつ	法律	법률
□ ぼく		나(남자가 자기를 가리킬 때)			
□ まわり	周り	주변	□ まんが		만화
□ まんなか	真ん中	한가운데	□ みかん		귤
□ みそ		된장	□ みなさん	皆さん	모두
□ みんな		모두	□ むすこ	息子	아들
□ もくせい	木製	목제	□ もくてき	目的	목적
□ やくそく	約束	약속 ⑭	□ やね	屋根	지붕
□ やまのぼり	山登り	등산	□ やりかた	やり方	방법, 방식
□ ゆびわ	指輪	반지	□ りょうきん	料金	요금
□ りょうほう	両方	양쪽	□ りんご		사과
□ るす	留守	부재중 ⑩⑮	□ れいぞうこ	冷蔵庫	냉장고
□ れいぼう	冷房	냉방	□ れきし	歴史	역사
□ わけ		이유	□ わすれもの	忘れ物	잊은 물건, 분실물
□ わりあい	割合	비율			

정답 및 해석 p.129

기출어휘 체크하기 12

① 보기와 같이 적당한 단어를 고르시오.

보기 감기에 걸리다 → かぜを（ ふく / ひく ）

① 흥미가 있다 → （ きょうみ / しゅみ ）が　ある
② 열이 나다 → （ びょうき / ねつ ）が　出(で)る
③ 문병 가다 → （ おみまい / おれい ）に 行(い)く
④ 기분 좋다 → （ きぶん / こころ ）が　いい
⑤ 경치가 좋다 → （ けしき / おもいで ）が　いい

② 단어의 뜻을 써 봅시다.

① おみやげ ― 토산품, 기념품
② ねだん ―
③ おいわい ―
④ けっか ―
⑤ ぐあい ―
⑥ さいしょ ―
⑦ おもいで ―
⑧ おおぜい ―
⑨ おと ―
⑩ けが ―
⑪ るす ―
⑫ しゅうかん ―
⑬ きんえん ―
⑭ きもち ―
⑮ あいさつ ―
⑯ しょうらい ―

1 부사

※어휘 옆 숫자는 기출 연도입니다.

□ ああ	저렇게	□ あまり	그다지 (~않다), 너무
□ あんなに	그렇게	□ いくら	아무리 (~해도)
□ いっぱい	많이	□ いつも	항상, 늘
□ うっかり	깜빡, 무심코	□ かならず	반드시
□ かわりに	대신에	□ きっと	틀림없이
□ 急(きゅう)に	갑자기		
□ ぐっすり	푹 (깊은 잠을 자는 모양)	□ けっして	결코
□ こう	이렇게	□ さっき	아까, 조금 전
□ しっかり	제대로	□ しばらく	잠시
□ じゅうぶん	충분히	□ ずいぶん	퍽, 상당히
□ すっかり	완전히, 모두 ⑱	□ ずっと	쭉, 줄곧, 훨씬
□ ぜひ	꼭, 부디 ⑪⑬	□ ぜんぜん	전혀 (~않다)
□ そう	그렇게	□ それほど	그만큼, 그다지 (~않다)
□ そろそろ	이제 곧, 슬슬	□ そんなに	그렇게(까지)
□ そんなに	그다지 (~않다)	□ だいたい	대개
□ たいてい	보통, 대부분	□ だいぶ	상당히, 많이
□ たいへん	매우, 무척	□ たしか	아마도, 분명히
□ たぶん	아마도	□ たまに	가끔
□ だんだん	점점	□ ちっとも	조금도 (~않다)
□ ちょうど	마침, 꼭	□ できるだけ	가능한 한, 되도록

□ とうとう	드디어	□ とおく	멀리
□ ときどき	때때로, 가끔	□ どきどき	두근두근
□ とくべつに	특별히	□ どんどん	점점, 팍팍
□ なかなか	좀처럼 (~않다)	□ なるべく	되도록, 될 수 있는 대로
□ にこにこ	생글생글, 싱글벙글 ⑬	□ はっきり	확실히
□ ひじょうに	대단히	□ びっくり	깜짝 (놀라는 모양)
□ べつに	별로, 특별히	□ ほど	정도
□ ほとんど	거의 (~않다)	□ ほんとうに	정말로
□ まず	우선	□ まっすぐ	똑바로, 곧장
□ もう	이미, 벌써, 이제 ⑱	□ もうすぐ	이제 곧, 머지않아
□ もし	만약	□ もちろん	물론
□ もっと	좀 더	□ もっとも	가장
□ やっと	겨우	□ やっぱり	역시
□ やはり	역시	□ ゆっくり	천천히
□ よく	곧잘, 자주	□ わりあいに	비교적

② カタカナ

※어휘 옆 숫자는 기출 연도입니다.

□ アイスクリーム	아이스크림	□ アイディア	아이디어 ⑩
□ アクセサリー	액세서리	□ アジア	아시아
□ アナウンサー	아나운서	□ アニメ	애니메이션
□ アフリカ	아프리카	□ アメリカ	미국
□ アルコール	알코올	□ アルバイト	아르바이트 ⑬⑭
□ インターネット	인터넷	□ エアコン	에어컨
□ エスカレーター	에스컬레이터	□ エレベーター	엘리베이터
□ オートバイ	오토바이	□ オーバー	오버
□ オープン	오픈	□ カーテン	커튼
□ ガス	가스	□ ガソリン	가솔린, 휘발유
□ ガソリンスタンド	주유소	□ カタログ	카탈로그
□ ガラス	유리	□ カレンダー	달력, 캘린더
□ クラブ	클럽	□ ケーキ	케이크
□ ケータイ	휴대폰	□ ゲーム	게임
□ コピー	카피, 복사	□ コンサート	콘서트
□ コンピューター	컴퓨터	□ サービス	서비스
□ サイズ	사이즈	□ サイン	사인, 서명
□ サッカー	축구	□ サラダ	샐러드
□ サンダル	샌들	□ サンドイッチ	샌드위치
□ ジャム	잼	□ ジュース	주스

□ ジョギング	조깅	□ スイッチ	스위치 ⑫⑬
□ スーツ	양복	□ スーツケース	여행용 가방
□ スーパー	슈퍼	□ スープ	수프
□ ステーキ	스테이크	□ ステレオ	스테레오, 입체
□ ストレス	스트레스	□ スパゲッティ	스파게티
□ スマホ	스마트폰	□ セーター	스웨터
□ セール	세일	□ セット	세트, 설치함
□ ソファ	소파	□ ソフト	소프트, 소프트웨어
□ ダイエット	다이어트	□ タイプ	타입
□ タオル	타월	□ ダンス	댄스
□ チーズ	치즈	□ チェック	체크 ⑩
□ チケット	티켓	□ チャンス	찬스, 기회 ⑮
□ テーブル	테이블	□ テキスト	텍스트, 교과서
□ テニス	테니스	□ デパート	백화점
□ ドア	문	□ ドライブ	드라이브
□ ドラマ	드라마	□ ニュース	뉴스
□ パーティー	파티	□ パート	파트, 부분
□ パートタイム	시간제 근무, 파트타임	□ バイク	오토바이
□ バスケット	농구	□ パスタ	파스타
□ バス停(てい)	버스 정류장	□ パソコン	퍼스널 컴퓨터, PC
□ パパ	아빠	□ バレーボール	배구

□ パンツ	팬티, 바지	□ ハンバーガー	햄버거
□ ハンバーグ	햄버그	□ パンフレット	팸플릿
□ ピアノ	피아노	□ ビール	맥주
□ ピザ	피자	□ ビデオ	비디오
□ ビル	빌딩	□ ファイル	파일
□ ファックス	팩스	□ プール	수영장
□ プレゼント	선물	□ ベル	벨
□ ボール	공	□ ポスター	포스터
□ ボタン	단추, 버튼	□ ホテル	호텔
□ ミス	실수	□ メートル	미터
□ メール	메일	□ メニュー	메뉴 ⑫
□ ヨーロッパ	유럽	□ リモコン	리모컨
□ ルール	룰, 규칙	□ レジ	레지스터, 계산대
□ レストラン	레스토랑	□ レポート	리포트
□ ワイシャツ	와이셔츠	□ ワイン	와인

기출어휘 체크하기 13

1 보기와 같이 적당한 단어를 고르시오.

보기 감기에 걸리다 → かぜを （ ふく / ひく ）

① 부디 와주세요 → （ そろそろ / ぜひ ） きて　ください
② 그다지 맛있지 않다 → （ それほど / それに ） おいしく　ない
③ 완전히 잊었습니다 → （ ずっと / すっかり ） わすれました
④ 겨우 버스가 왔다 → （ やっと / きっと ） バスが　きた
⑤ 이제 곧 돌아갑니다 → （ さっき / もうすぐ ） 帰(かえ)ります

2 빈칸을 채워 봅시다.

① アルバイト	아르바이트	⑨ チケット	
② メニュー		⑩ アイディア	
③ セット		⑪ テキスト	
④ パート		⑫ スイッチ	
⑤ チェック		⑬ ルール	
⑥ レジ		⑭ チャンス	
⑦ サイン		⑮ パンフレット	
⑧ ポスター		⑯ コピー	

❸ 인사말

※어휘 옆 숫자는 기출 연도입니다.

- □ いかがですか　어떻습니까?
- □ 行ってきます　다녀오겠습니다
- □ 行ってまいります　다녀오겠습니다
- □ 行ってらっしゃい　다녀오세요
- □ おかえりなさい　다녀오셨어요?, 어서 오세요
- □ おかげさまで　덕분에요
- □ おげんきで　건강하시기를
- □ お先(さき)に失礼(しつれい)します　먼저 실례하겠습니다
- □ おじゃまします　실례하겠습니다
- □ お大事(だいじ)に　몸조리 잘 하세요
- □ おつかれさまでした　수고하셨습니다
- □ おはようございます　안녕하십니까(아침인사)
- □ お待(ま)たせしました　오래 기다리셨습니다
- □ おめでとうございます　축하합니다
- □ かしこまりました　알겠습니다
- □ かまいません　상관없습니다
- □ 気(き)をつけてください　조심하세요
- □ こちらこそ　저야말로
- □ ごめんください　실례합니다 (방문 시)
- □ ごめんなさい　미안합니다

□ 失礼(しつれい)します	실례합니다
□ すみません	미안합니다
□ それはいけませんね	(그것은) 안됐네요
□ それほどでもありません	그렇지도 않습니다
□ ただいま	다녀왔습니다
□ どういたしまして	천만에요
□ よくいらっしゃいました	잘 오셨습니다

4 존경어 · 겸양어

□ いたす	하다	□ いただく	받다
□ いらっしゃる	가시다, 오시다, 계시다	□ うかがう	묻다, 방문하다
□ おいでになる	오시다, 가시다, 계시다	□ おこさん	자녀분
□ おじょうさん	따님	□ おたく	댁
□ おっしゃる	말씀하시다	□ おめにかかる	만나 뵙다
□ おる	있다	□ くださる	주시다
□ ございます	있습니다	□ ごぞんじです	알고 계십니다
□ ごらんになる	보시다	□ さしあげる	드리다
□ でございます	~입니다	□ なさる	하시다
□ はいけんする	보다	□ まいる	가다, 오다
□ めしあがる	드시다, 잡수시다	□ もうしあげる	말씀드리다
□ もうす	말하다, 말씀드리다		

4 접속사

※어휘 옆 숫자는 기출 연도입니다.

□ けれども	그렇지만	□ すると	그러자
□ それから	그리고 나서	□ それで	그래서
□ それに	게다가	□ だから	그래서
□ ところが	그런데, 그러나		
□ ところで	(화제 전환) 그런데, 그건 그렇다 치고	□ または	또는

5 자주 나오는 유의표현

□ ここは　きんえんです。 여기는 금연입니다.
≒ ここで　たばこを　すっては　いけません。 ⑭ 여기에서 담배를 피워서는 안 됩니다.

□ きょう　先生(せんせい)に　しかられました。 오늘 선생님께 혼났습니다.
≒ きょう　先生(せんせい)に　おこられました。 ⑭ 오늘 선생님께 꾸지람을 들었습니다.

□ あしたの　11時(じ)に　そちらに　とどけます。
내일 11시에 그쪽으로 보내겠습니다.
≒ あしたの　11時(じ)に　そちらに　もって　いきます。 ⑭
내일 11시에 그쪽으로 들고 가겠습니다.

□ ここは　車(くるま)を　せいさんする　ところです。 여기는 차를 생산하는 곳입니다.
≒ ここは　車(くるま)を　つくる　ところです。 ⑭ 여기는 차를 만드는 곳입니다.

□ これは　とても　だいじです。 이것은 매우 소중합니다.
≒ これは　とても　たいせつです。 ⑭ 이것은 매우 중요합니다.

□ きのうの　話(はなし)は　うそですよ。어제 이야기는 거짓말이에요.

≒ きのうの　話(はなし)は　ほんとうじゃ　ありませんよ。⑬
어제 이야기는 사실이 아니에요.

□ やまださんは　何時(なんじ)ごろ　もどりますか。
야마다 씨는 몇 시쯤 돌아옵니까?

≒ やまださんは　何時(なんじ)ごろ　かえって　きますか。⑬
야마다 씨는 몇 시쯤 돌아옵니까?

□ この　国(くに)は　こめを　ゆしゅつして　いますか。
이 나라는 쌀을 수출하고 있습니까?

≒ この　国(くに)は　こめを　ほかの　国(くに)に　うって　いますか。⑬
이 나라는 쌀을 다른 나라에 팔고 있습니까?

□ たなかさんは　にこにこして　いました。다나카 씨는 생글생글 웃고 있었습니다.

≒ たなかさんは　わらって　いました。⑬ 다나카 씨는 웃고 있었습니다.

□ 新(あたら)しい　かぐが　ほしいです。새로운 가구를 갖고 싶습니다.

≒ 新(あたら)しい　つくえや　ベッドが　ほしいです。⑬ 새로운 책상과 침대를 갖고 싶습니다.

□ あそこで　アルバイトを　して　います。저기에서 아르바이트를 하고 있습니다.

≒ あそこで　はたらいて　います。⑬ 저기에서 일하고 있습니다.

□ あの　人(ひと)は　ほんとうに　うつくしいですね。저 사람은 정말로 아름답네요.

≒ あの　人(ひと)は　ほんとうに　きれいですね。⑬ 저 사람은 정말로 예쁘네요.

□ あの　店(みせ)は　すいて　います。저 가게는 비어 있습니다.

≒ あの　店(みせ)は　おきゃくさんが　少(すく)ないです。⑬ 저 가게는 손님이 적습니다.

□ きのうは　ねぼうしました。 어제는 늦잠을 잤습니다.

≒ きのうは　おきるのが　おそく　なって　しまいました。⑬
어제는 늦게 일어나고 말았습니다.

□ たなかさんは　先生に　ほめられました。 다나카 씨는 선생님께 칭찬 받았습니다.

≒ 先生は　たなかさんに「とても　よかったですよ」と　言いました。⑬
선생님은 다나카 씨에게 '매우 좋았어요'라고 말했습니다.

□ こしょうした　パソコンは　どれですか。 고장 난 컴퓨터는 어느 것입니까?

≒ こわれた　パソコンは　どれですか。⑫ 망가진 컴퓨터는 어느 것입니까?

□ 手が　よごれて　います。 손이 더러워져 있습니다.

≒ 手が　きたないです。⑫ 손이 지저분합니다.

□ あの　店で　しょくりょうひんを　買いました。
그 가게에서 식료품을 샀습니다.

≒ あの　店で　にくや　やさいを　買いました。⑫
그 가게에서 고기랑 채소를 샀습니다.

□ あそこで　おどって　いるのが　たなかさんです。
저기에서 춤추고 있는 사람이 다나카 씨입니다.

≒ あそこで　ダンスを　して　いるのが　たなかさんです。⑫
저기에서 댄스를 추고 있는 사람이 다나카 씨입니다.

□ わたしたちは　ふたりで　しょうらいの　ことを　話しました。
우리들은 둘이서 장래에 대해서 이야기했습니다.

≒ わたしたちは　ふたりで　これからの　ことを　話しました。⑫
우리들은 둘이서 앞으로에 대해서 이야기했습니다.

□ 父は　しょくじを　して　います。 아버지는 식사를 하고 있습니다.

≒ 父は　ごはんを　食べて　います。⑫ 아버지는 밥을 먹고 있습니다.

□ この　ジュースは　ひえて　いる。이 주스는 차가워져 있다.

≒ この　ジュースは　つめたい。⑫ 이 주스는 차갑다

□ だんせいは　ここに　来(き)て　ください。남성은 여기로 와 주세요.

≒ おとこの　人(ひと)は　ここに　来(き)て　ください。⑫ 남자는 여기로 와 주세요.

□ この　テーブルは　よごれて　いますね。이 테이블은 더러워져 있네요.

≒ この　テーブルは　きたないですね。⑪ 이 테이블은 더럽네요.

□ さいしょの　ページを　みて　ください。첫 페이지를 봐 주세요.

≒ はじめの　ページを　みて　ください。⑪ 처음 페이지를 봐 주세요.

□ きょうは　バスが　こんで　います。오늘은 버스가 붐빕니다.

≒ きょうは　バスに　人(ひと)が　たくさん　のって　います。⑪
오늘은 버스에 사람이 많이 탔습니다.

□ うちの　犬(いぬ)は　とても　おとなしいです。우리 집 강아지는 매우 얌전합니다.

≒ うちの　犬(いぬ)は　とても　しずかです。⑪ 우리 집 강아지는 매우 조용합니다.

□ てがみは　もう　おくりましたか。편지는 벌써 보냈습니까?

≒ てがみは　もう　出(だ)しましたか。⑪ 편지는 이미 부쳤습니까?

□ バスが　しゅっぱつしました。버스가 출발했습니다.

≒ バスが　でました。⑪ 버스가 떠났습니다.

□ もっと　ていねいに　かいて　ください。더 정성껏 써 주세요.

≒ もっと　きれいに　かいて　ください。⑪ 더 깨끗이 써 주세요.

□ あには　えが　うまいです。형(오빠)은 그림을 잘 그립니다.

≒ あには　えが　じょうずです。⑪ 형(오빠)은 그림이 능숙합니다.

기출어휘 체크하기 9

문제 1

① 案内 –	あんない	안내
② 用意 –	ようい	준비
③ 相談 –	そうだん	상담
④ 工事 –	こうじ	공사
⑤ 挨拶 –	あいさつ	인사
⑥ 予約 –	よやく	예약
⑦ 世話 –	せわ	돌봄
⑧ 寝坊 –	ねぼう	늦잠
⑨ 見物 –	けんぶつ	구경
⑩ 見学 –	けんがく	견학
⑪ 運動 –	うんどう	운동
⑫ 生産 –	せいさん	생산
⑬ 連絡 –	れんらく	연락
⑭ 注意 –	ちゅうい	주의
⑮ 失礼 –	しつれい	실례
⑯ 利用 –	りよう	이용
⑰ 運転 –	うんてん	운전
⑱ 招待 –	しょうたい	초대
⑲ 洗濯 –	せんたく	세탁
⑳ 研究 –	けんきゅう	연구

문제 2

① しっぱい ↔ (せいこう / 성공)
② しつもん ↔ (こたえ / 대답)
③ にゅうがく ↔ (そつぎょう / 졸업)
④ さんせい ↔ (はんたい / 반대)
⑤ ゆしゅつ ↔ (ゆにゅう / 수입)
⑥ ふくしゅう ↔ (よしゅう / 예습)

기출어휘 체크하기 10

문제 1

① 마당을 쓸다 → にわを　はく
② 치마를 입다 → スカートを　はく
③ 바람이 불다 → かぜが　ふく
④ 양치질하다 → はを　みがく
⑤ 샤워를 하다 → シャワーを　あびる
⑥ 테이블 위를 닦다 → テーブルの　上を　ふく
⑦ 손을 씻다 → 手を　あらう
⑧ 손이 더러워져 있다 → 手が　よごれて　いる
⑨ 다림질 하다 → アイロンを　かける
⑩ 물을 끓이다 → お湯を　わかす
⑪ 배가 고프다 → おなかが　すいた
⑫ 전철이 붐비다 → 電車が　こんで　いる
⑬ 안경을 쓰다 → めがねを　かける
⑭ 모자를 쓰다 → ぼうしを　かぶる
⑮ 우산을 쓰다 → かさを　さす

기출어휘 체크하기 11

문제 1

① 굵은 펜 → ふとい　ぺん
② 연한 커피 → うすい　コーヒー
③ 번화한 거리 → にぎやかな　街
④ 튼튼한 몸 → じょうぶな　からだ
⑤ 깊은 바다 → ふかい　海

문제 2

① わかい –	젊다
② きたない –	지저분하다
③ たいせつだ –	중요하다
④ にがい –	쓰다
⑤ ていねいだ –	정중하다
⑥ おとなしい –	얌전하다
⑦ つめたい –	차갑다
⑧ すずしい –	서늘하다
⑨ きけんだ –	위험하다
⑩ まじめだ –	성실하다

문제 3

① こい ↔ (うすい / 연하다)
② あさい ↔ (ふかい / 깊다)
③ ほそい ↔ (ふとい / 굵다)
④ よわい ↔ (つよい / 세다)
⑤ かたい ↔ (やわらかい / 부드럽다)
⑥ にぎやかだ ↔ (しずかだ / 조용하다)
⑦ まずい ↔ (おいしい / 맛있다)
⑧ きびしい ↔ (あまい / 무르다)

기출어휘 체크하기 ⑫

문제 1

① 흥미가 있다 → きょうみが　ある
② 열이 나다 → ねつが　出る
③ 문병 가다 → おみまいに　行く
④ 기분 좋다 → きぶんが　いい
⑤ 경치가 좋다 → けしきが　いい

문제 2

① おみやげ — 토산품, 기념품
② ねだん — 가격
③ おいわい — 축하
④ けっか — 결과
⑤ ぐあい — 상태
⑥ さいしょ — 최초
⑦ おもいで — 추억
⑧ おおぜい — 많은 사람
⑨ おと — 소리
⑩ けが — 상처, 부상
⑪ るす — 부재중
⑫ しゅうかん — 습관
⑬ きんえん — 금연
⑭ きもち — 마음, 기분
⑮ あいさつ — 인사
⑯ しょうらい — 장래

기출어휘 체크하기 ⑬

문제 1

① 부디 와 주세요 → ぜひ　きて　ください
② 그다지 맛있지 않다 → それほど　おいしく　ない
③ 완전히 잊었습니다 → すっかり　わすれました
④ 겨우 버스가 왔다 → やっと　バスが　きた
⑤ 이제 곧 돌아갑니다 → もうすぐ　帰ります

문제 2

① アルバイト — 아르바이트
② メニュー — 메뉴
③ セット — 세트, 설치함
④ パート — 파트
⑤ チェック — 체크
⑥ レジ — 레지스터 (계산대)
⑦ サイン — 사인, 서명
⑧ ポスター — 포스터
⑨ チケット — 티켓
⑩ アイディア — 아이디어
⑪ テキスト — 텍스트, 교과서
⑫ スイッチ — 스위치
⑬ ルール — 룰, 규칙
⑭ チャンス — 찬스, 기회
⑮ パンフレット — 팸플릿
⑯ コピー — 복사

もんだい 3 문맥규정

문제유형 문맥규정(9문항)

문장의 흐름에 맞는 어휘를 골라서 괄호 안에 넣는 문제로 단어의 의미를 잘 알아야 쉽게 풀 수 있다.

もんだい3 (　　　　)に　なにを　いれますか。1・2・3・4から
いちばん　いい　ものを　ひとつ　えらんで　ください。

15 日曜日は　(　　　)　うちにいます。
1 だいぶ　　2 たいてい　　3 たとえば　　4 とても

15	①②③●

포인트

〈もんだい3〉은 명사, 동사, 형용사, 부사에서 골고루 출제되며, 문장의 의미를 추측해서, 흐름에 맞는 어휘를 선택하는 문제이다. 4개의 선택지에는 의미 · 음 · 한자가 비슷한 어휘가 나열되어 있기 때문에 착각하지 않도록 주의해야 한다.

학습요령

〈もんだい3〉 문맥규정에서는 어휘만을 기계적으로 외우기보다는 「みちに まよう(길을 헤매다)」 「バスに のりかえる(버스로 갈아타다)」처럼 하나의 구(주어+술어)를 함께 외우도록 한다. 또한 어휘의 의미에 관한 지식을 알아보는 문제이므로 히라가나로 되어 있는 경우가 많다.

 정답 및 해석 p.151

もんだい3 (　　　　)に　なにを　いれますか。1・2・3・4から　いちばん　いい　ものを　ひとつ　えらんで　ください。

1 あたまも　いたいし、（　　　）も　すこし　あります。⑬⑮
1 ねつ　　2 けが　　3 ぐあい　　4 びょうき

2 今日(きょう)は　あさ　はやく　おきたので　いま　とても（　　　）です。⑪
1 さびしい　　2 うるさい　　3 すごい　　4 ねむい

3 かぎを（　　　）のを　わすれました。
1 かかる　　2 かける　　3 やむ　　4 やめる

4 なくした　ゆびわが　あったので（　　　）しました。
1 さんせい　　2 あんしん　　3 しんぱい　　4 はんたい

5 じこの　せいで　うでを（　　　）しまいました。⑫
1 すてて　　2 わって　　3 しっぱいして　　4 けがして

6 お金が（　　　）ので　ともだちに　かりました。⑬⑮
1 かさない　　2 もたない　　3 たりない　　4 うらない

7 コンサートは　よていより　10分（　　　）はじまりました。⑭
1 おくれて　　2 まにあって　　3 おわって　　4 いそいで

8 スポーツを　する　前には（　　　）じゅんび　運動が　ひつようです。⑮
1 さかんな　　2 じょうぶな　　3 ねっしんな　　4 じゅうぶんな

9 （　　　）では　あるいたり　はしったり　しないで　ください。
1 ダンス　　2 エレベーター　　3 エスカレーター　　4 ソファ

10 （　　　）まで　ひどい　雨でしたが　今は　やみました。
1 もうすぐ　　2 ほとんど　　3 ちっとも　　4 さっき

もんだい3 (　　　)に　なにを　いれますか。1・2・3・4から　いちばん　いい　ものを　ひとつ　えらんで　ください。

1 わたしの　おとうとは　わたしより　せが（　　　）です。⑭
1 あつい　2 おおきい　3 ひろい　4 たかい

2 たいせつに　して　いた　さらを（　　　）わって　しまいました。⑪⑬
1 おとして　2 こわして　3 わたして　4 なくして

3 （　　　）にくは　あまり　おいしく　ありません。
1 すくない　2 ひくい　3 やすい　4 ちいさい

4 そふは　せんそうの　時代を（　　　）しました。
1 けんぶつ　2 しゅっぱつ　3 けいかく　4 けいけん

5 大きい（　　　）を　出して　のどが　いたく　なりました。
1 におい　2 みみ　3 こえ　4 くち

6 （　　　）の　ゆめは　いしゃに　なる　ことです。⑫
1 しょうち　2 しょうたい　3 しょうらい　4 しょうかい

7 明日(あした)　ねぼうを　しないか　とても（　　　）です。
1 あんしん　2 きけん　3 あんぜん　4 しんぱい

8 あつかったら　そこの（　　　）を　おして　れいぼうを　つけて　ください。⑫⑬
1 チェック　2 チャンス　3 スイッチ　4 スタート

9 りょうりに（　　　）して　ぜんぶ　すてて　しまいました。⑫
1 しんぱい　2 しっぱい　3 ちゅうい　4 ようい

10 新しい　せいかつにも　もう（　　　）。⑬
1 くらしました　2 すみました　3 なれました　4 がんばりました

정답 및 해석 p.151

もんだい3 (　　　)に なにを いれますか。1・2・3・4から いちばん いい ものを ひとつ えらんで ください。

1 きのうは てんきが（　　　）ので そとに でませんでした。
1 いやだった　2 わるかった　3 きらいだった　4 こわかった

2 がいこくごは たんごを たくさん（　　　）ことが じゅうようです。⑫
1 えらぶ　2 わすれる　3 おぼえる　4 やめる

3 らいしゅうの ともだちの けっこんしきには かならず（　　　）する つもりです。
1 じゅんび　2 しっぱい　3 しゅっせき　4 しょうかい

4 わたしは 男ですが うでの（　　　）が つよく ありません。
1 げんき　2 ちから　3 せなか　4 あたま

5 この ふく どうですか。イタリア（　　　）で ちょっと 高かったんですよ。
1 せい　2 だい　3 いん　4 がわ

6 らいしゅうの げつようびまでに（　　　）を 出さなければ なりません。
1 レポート　2 ワープロ　3 チェック　4 サービス

7 ひっこして 来た となりの 人が 家に（　　　）を しに 来ました。⑭
1 れんらく　2 しょうかい　3 はいけん　4 あいさつ

8 今日(きょう)は やくそくが あるので これで（　　　）します。
1 せつめい　2 しつれい　3 うんてん　4 けいけん

9 明日(あした)は 大学に 入学する ための（　　　）しけんが あります。⑭
1 ねっしんな　2 だいじな　3 ひつような　4 しんせつな

10 ふゆなのに（　　　）が こしょうして しまいました。
1 れいぼう　2 だんぼう　3 でんとう　4 どうぐ

정답 및 해석 p.151

もんだい3 (　　　)に　なにを　いれますか。1・2・3・4から　いちばん　いい　ものを　ひとつ　えらんで　ください。

1 ここの　うみは（　　　）ので　小さい　子どもが　あそんでも　だいじょうぶです。⑫

1 せまい　2 ふかい　3 ひろい　4 あさい

2 たいふうで　にわの　木の　えだが（　　　）しまった。

1 たおれて　2 やぶれて　3 こわれて　4 おれて

3 まず（　　　）で　りょうきんを　はらってから　りようして　ください。

1 レジ　2 スクリーン　3 ワープロ　4 レポート

4 むかしの　ふくは（　　　）もう　きられません。

1 ひくくて　2 ちいさくて　3 わかくて　4 ほそくて

5 うんどうを　たくさん　して（　　　）が　かわきました。

1 ひげ　2 かみ　3 こえ　4 のど

6 彼とは　今日　6時半に　この　こうえんで　会う（　　　）です。⑭

1 やくそく　2 よしゅう　3 よほう　4 よやく

7 たくさん　あるいて（　　　）が　つかれました。⑭

1 あし　2 あたま　3 うで　4 かお

8 りょこうに　行くために　週３回　レストランで（　　　）を　して　います。⑬⑭

1 チェック　2 スイッチ　3 テキスト　4 アルバイト

9 今　かのじょと　いっしょに　いるので（　　　）を　しないで　ください。

1 けんきゅう　2 けんか　3 あんしん　4 じゃま

10 しゅじんが　なかなか　かえって　来ないので（　　　）です。

1 しんぱい　2 あんしん　3 あんぜん　4 きけん

정답 및 해석 p.151

もんだい3 (　　　　)に　なにを　いれますか。1・2・3・4から　いちばん　いい　ものを　ひとつ　えらんで　ください。

1　みっつの（　　　）どれが　いいですか。
　1 かん　2 ちゅう　3 あいだ　4 うち

2　ヨーロッパ旅行の（　　　）に　ともだちに　ワインを　買いました。⑮⑱
　1 おしゃべり　2 おしらせ　3 おみあい　4 おみやげ

3　ひどい　かぜじゃ　ないですから　びょういんに　行かなくても（　　　）。
　1 すみません　2 まにあいます
　3 だいじょうぶです　4 できません

4　わたしは　ケーキの　ような（　　　）ものが　にがてです。
　1 からい　2 にがい　3 あまい　4 すっぱい

5　明日(あした)の　てんきは　10ど（　　　）で　さむい　そうですよ。⑫
　1 いがい　2 いっぱい　3 いぜん　4 いか

6　いそがしくて　りょこうの（　　　）を　する　時間が　ありません。
　1 じゅんび　2 やくそく　3 あんない　4 ほんやく

7　この　ゲームの（　　　）は　かんたんですから、いっしょに　しましょう。
　1 ケーキ　2 プール　3 ルール　4 スーツ

8　ニュース（　　　）で　けさ　じしんが　おきた　ことを　知りました。
　1 スクリーン　2 よやく　3 タイプ　4 ばんぐみ

9　わたしは　母に　とても（　　　）　います。
　1 つたえて　2 にて　3 あって　4 うつして

10　父は　アメリカと　ふくの（　　　）を　する　会社で　はたらいて　います。
　1 ぎじゅつ　2 せつめい　3 ゆしゅつ　4 ぼうえき

 정답 및 해석 p.151

もんだい3 (　　　)に なにを いれますか。1・2・3・4から いちばん いい ものを ひとつ えらんで ください。

1 今日は ともだちの（　　　）に びょういんへ いきます。⑬
1 けんぶつ　2 おねがい　3 けんがく　4 おみまい

2 けんこうと ストレスには 大きな（　　　）が ある。
1 けいけん　2 かんけい　3 はいけん　4 そんけい

3 彼が おしえて くれる じょうほうは いつも（　　　）ので しんじます。
1 じゅうぶんな　2 じょうぶな　3 きゅうな　4 たしかな

4 今日は しごとが（　　　）ひるごはんが たべられませんでした。
1 ねむくて　2 いそがしくて　3 にぎやかで　4 じゅうぶんで

5（　　　）が ちょっと つよいので さむいです。
1 ふゆ　2 だんぼう　3 れいぼう　4 ふく

6 わたしは 日本りょうりの 中でも（　　　）すしが すきです。
1 はっきり　2 ほとんど　3 すっかり　4 とくに

7 いっしゅうかん りょこうで いぬの（　　　）が できないので しんぱいです。⑬
1 ようい　2 うんどう　3 しゅうかん　4 せわ

8 会社へは、いちど バスを（　　　）なりません。
1 のりかえなければ　2 おくれなければ
3 おりなければ　4 まにあわなければ

9 今日は パーティーに（　　　）して くれて ありがとうございます。⑬
1 しょうち　2 しょうらい　3 しょうたい　4 しょうかい

10 くつを（　　　）へやに はいって ください。
1 すてて　2 はずして　3 むいて　4 ぬいで

 정답 및 해석 p.152

もんだい3 （　　　）に　なにを　いれますか。1・2・3・4から　いちばん　いい　ものを　ひとつ　えらんで　ください。

1 水を　いれすぎて　あじが　すこし（　　　）なって　しまいました。⑪
1 あつく　2 うすく　3 ひろく　4 せまく

2 さいきん　かった　サンダルは　とても（　　　）やすいです。
1 き　2 かぶり　3 はき　4 とり

3 きのう　ともだちから　けっこんパーティーの　あんないの（　　　）が　来ました。
1 テキスト　2 メニュー　3 アイディア　4 メール

4 まいあさ　30分（　　　）かるい　うんどうを　して　います。
1 たいてい　2 ぜんぜん　3 けっして　4 かならず

5 彼女の　話しかたは　いつも（　　　）ので　きもちが　いいです。⑪⑭
1 ていねいな　2 ねっしんな　3 ふべんな　4 ざんねんな

6 わたしには 大きな（　　　）が あります。
1 ゆめ　2 うそ　3 はなし　4 かがみ

7 ヨーロッパでは　たくさんの　ワインが（　　　）されて　います。⑱
1 はつおん　2 せいさん　3 けんぶつ　4 たいいん

8 つめたい　ものを　食べすぎて　体が（　　　）しまいました。⑫
1 うって　2 つかれて　3 なおって　4 ひえて

9 この（　　　）は　ちかまで　いきません。
1 ドラマ　2 チケット　3 パーティー　4 エレベーター

10 たいふうの　せいで　サッカーの　しあいが（　　　）に　なりました。
1 ちゅうしゃ　2 ちゅうし　3 しょうち　4 しょうかい

정답 및 해석 p.152

もんだい3 (　　　)に　なにを　いれますか。1・2・3・4から　いちばん　いい　ものを　ひとつ　えらんで　ください。

1 わたしの　おやは　きょういくに　とても（　　　）きびしかったです。

1 ねっしんで　2 じゃまで　3 じゆうで　4 てきとうで

2 ゆきで（　　　）やすいので　気を　つけて　ください。

1 すべり　2 とまり　3 はいり　4 で

3 ともだちが　プレゼントを　送って　くれたので（　　　）の　でんわを　しました。⑪⑭

1 おじぎ　2 おみまい　3 おれい　4 おせわ

4 今より　もっと　すみやすい　まちに（　　　）たいです。⑫

1 とりかえ　2 ひっこし　3 すすみ　4 でかけ

5 さいきん しごとが たいへんなので きのう ともだちに（　　　）を しました。

1 せつめい　2 いけん　3 けいかく　4 そうだん

6 昨日　みちで　おとした　てぶくろを　知らない　人が（　　　）くれました。

1 とって　2 つかまえて　3 すてて　4 ひろって

7 この　しゅくだいは　らいしゅうの　げつようびまでに（　　　）なりません。

1 あげなければ　2 とらなければ　3 ださなければ　4 くれなければ

8 その　ビルなら　この　みちを　100（　　　）くらい　行くと　ありますよ。

1 えん　2 メートル　3 けん　4 セット

9 テレビの　おとが（　　　）ので　おとを　すこし　ちいさく　して　ください。

1 ふかい　2 さびしい　3 ねむい　4 うるさい

10 なくした　かぎを　さがして　いますが　まだ（　　　）。

1 おとしません　2 みつかりません　3 みつけません　4 おちません

정답 및 해석 p.152

もんだい3 （　　　）に　なにを　いれますか。1・2・3・4から　いちばん　いい　ものを　ひとつ　えらんで　ください。

1 すきな　人に　プレゼントを　もらって　とても（　　　）です。
1 おいしい　2 ただしい　3 うれしい　4 たのしい

2 たなかさんは　毎日　べんきょう　したり　本を　よんだり　とても（　　　）です。
1 じょうぶ　2 だいじ　3 まじめ　4 しんせつ

3 わたしは　今　しんじゅくの（　　　）に　とまって　います。
1 デパート　2 ビル　3 ホテル　4 レストラン

4 となりの　人に　足を（　　　）とても　いたかったです。
1 ふまれて　2 さされて　3 ぶつけられて　4 よごされて

5 日本りょこうに　行った　とき　友(とも)だちが（　　　）を　して　くれました。
1 よてい　2 うんどう　3 けんぶつ　4 あんない

6 明日(あした)で　はたちの　たんじょうびを（　　　）。
1 きます　2 むかえます　3 たずねます　4 おいわいします

7 子どもが　わるい　ことを　したので（　　　）。
1 ほめました　2 たのみました　3 しかりました　4 さそいました

8 かぜが（　　　）とても　しずかに　なりました。⑬
1 やんで　2 おわって　3 きえて　4 とまって

9 （　　　）を　して　いつか　アメリカりょこうに　行きたいと　おもって　います。
1 げんいん　2 けっか　3 ちょきん　4 そうだん

10 ぶちょうに　今日は　休むと（　　　）ください。
1 きいて　2 つたえて　3 ちゅういして　4 そうだんして

정답 및 해석 p.152

もんだい3 （　　　）に　なにを　いれますか。1・2・3・4から　いちばん　いい　ものを　ひとつ　えらんで　ください。

1 うちの　いぬは　とても（　　　）ので、こわく　ありませんよ。⑩⑪⑬

1 おとなしい　2 かわいい　3 わかい　4 うつくしい

2 インターネットには　いろいろな　じょうほうが　あるので　子どもには（　　　）です。

1 しゅうかん　2 きけん　3 さかん　4 あんぜん

3 コーヒーを　つくる　ための　おゆが（　　　）。

1 やけました　2 わきました　3 あきました　4 できました

4 昨日　おさけを　のみすぎて（　　　）を　して　しまいました。⑪⑬⑭

1 ごちそう　2 ねぼう　3 はんたい　4 しょうたい

5 わるいことを　して（　　　）。

1 たのまれました　2 ほめられました　3 さそわれました　4 しかられました

6 もしもし、アルバイトの（　　　）を　見て　れんらくを　しました。

1 サイズ　2 メニュー　3 ルール　4 ポスター

7 おなかが　すいたので　コンビニに（　　　）から　家に　かえります。

1 かよって　2 もどって　3 よって　4 まがって

8 わからないことが　あれば（　　　）しないで　いつでも　聞いてください。⑬

1 ちゅうい　2 しつれい　3 えんりょ　4 はんたい

9 プレゼントなので　きれいに（　　　）もらえませんか。

1 あつめて　2 つかまえて　3 とじて　4 つつんで

10 さいきんは　スマホが　子どもの　きょういくに　とても（　　　）。

1 てつだいます　2 おしえます　3 やくにたちます　4 さがします

정답 및 해석 p.152

もんだい3 (　　　)に　なにを　いれますか。1・2・3・4から　いちばん　いい　ものを　ひとつ　えらんで　ください。

1 いえに　だいじな　しょるいを（　　　）きて　しまいました。

1 とって　2 わすれて　3 かいて　4 つくって

2 せんそうは　きけんですから　わたしは（　　　）です。

1 きょういく　2 しょうかい　3 しょうたい　4 はんたい

3 この　ソファーは（　　　）ので　とても　すわりにくいです。⑫

1 あたたかい　2 かたい　3 すっぱい　4 まるい

4 この　ファイルを　明日までに　メールで（　　　）なりません。

1 おくらなければ　2 かかなければ　3 みなければ　4 いれなければ

5 この　絵に（　　　）は　いけません。⑪

1 さわって　2 とおって　3 すべって　4 のこって

6 あの　あたらしい（　　　）は　デパートです。

1 プール　2 ビル　3 アパート　4 ホテル

7 （　　　）の　なかに　むかしの　しゃしんが　たくさん　入って　います。

1 カーテン　2 ベル　3 いりぐち　4 ひきだし

8 ともだちと　どちらが　はやいか（　　　）しました。

1 きゅうこう　2 きょうそう　3 しょうたい　4 しゅうかん

9 この　ビルの（　　　）から　きれいな　けしきが　よく　見えます。

1 かいがん　2 くうこう　3 おくじょう　4 じゅうしょ

10 昨日(きのう)　ともだちの　しゅくだいを（　　　）あげました。⑬

1 てつだって　2 つつんで　3 はこんで　4 かたづけて

정답 및 해석 p.152

もんだい3 (　　　)に なにを いれますか。1・2・3・4から いちばん いい ものを ひとつ えらんで ください。

1 この えいがは 18さい（　　　）しか 見る ことが できません。
1 いない　　2 いじょう　　3 いか　　4 いがい

2 ともだちが ひっこす ことを しって とても（　　　）です。
1 かなしい　　2 あさい　　3 つまらない　　4 きびしい

3 すずき先生は 分からない ところを いつも やさしく（　　　）くれます。
1 おくって　　2 かけて　　3 きいて　　4 おしえて

4 うるさくて あんないの（　　　）が よく きこえません。
1 ほうそう　　2 きそく　　3 ほうりつ　　4 きせつ

5 明日 ともだちの パソコンを（　　　）あげる よていです。⑫
1 ならべて　　2 なおって　　3 ならんで　　4 なおして

6 わたしの かのじょは むかし（　　　）を して いたので せが たかい。
1 バレーボール　　2 カメラ　　3 タクシー　　4 ニュース

7 ぜひ（　　　）ほっかいどうに 行って みたいですね。
1 いちばん　　2 いっけん　　3 いっこ　　4 いちど

8 かぜが つよすぎて かさを（　　　）いみが ありません。⑩⑫
1 たてても　　2 さしても　　3 おしても　　4 あけても

9 この さらは（　　　）いるので すてた ほうが いいと おもいます。
1 ふんで　　2 きれて　　3 おれて　　4 われて

10 しょうらいの ことで おやと（　　　）して しまいました。⑮
1 じゃま　　2 しょうせつ　　3 したく　　4 けんか

もんだい3 (　　　　)に　なにを　いれますか。1・2・3・4から　いちばん　いい　ものを　ひとつ　えらんで　ください。

1 わたしの　おやは（　　　）ので　子どもの　とき　たいへんでした。⑫⑮
1 ただしい　2 すずしい　3 みじかい　4 きびしい

2 日本で　じょせいに　なんさいかを　聞く　ことは（　　　）ことです。
1 ていねいな　2 しつれいな　3 しんせつな　4 しんぱいな

3 今日は　わたしが（　　　）ね。⑪
1 はらいます　2 かいます　3 ひろいます　4 ひきだします

4 わたしの　しごとは　アメリカの　本を　日本語に（　　　）する　しごとです。
1 あんない　2 はんたい　3 ほんやく　4 えんりょ

5 このあいだ　けがを　した　ところが　もう（　　　）。
1 ちゅうしゃしました　2 にゅういんしました
3 なおりました　4 こわれました

6 こうじょうの　中は　さかなの（　　　）が　しました。
1 せいさん　2 くさい　3 じゅんび　4 におい

7 きのう　ともだちに（　　　）ゲームを　なくして　しまいました。
1 かった　2 かした　3 かわいた　4 かりた

8 うちの　テレビが（　　　）しまいました。
1 さがして　2 なくして　3 なおって　4 こわれて

9 レジで　はたらく　人は（　　　）の　人が　おおい。
1 ステレオ　2 パートタイム　3 テキスト　4 アクセサリー

10 じしんが　おきても（　　　）家に　すみたいです。
1 あんぜんな　2 ひつような　3 ふくざつな　4 しんぱいな

정답 및 해석 p.153

もんだい3 (　　　)に なにを いれますか。1・2・3・4から いちばん いい ものを ひとつ えらんで ください。

1 さいきん (　　　) じが よく みえなく なって きました。
1 せまい　2 ぬるい　3 こまかい　4 きびしい

2 せんぱいが 会社を やめて しまったので とても (　　　) です。⑬⑮
1 ざんねん　2 あんぜん　3 べんり　4 きけん

3 この辺には みせが (　　　) も ありません。
1 いっぽん　2 いっけん　3 いっぱい　4 いちど

4 せんせいに しつもんするなら じゅぎょうが ない 今が (　　　) だ。⑮
1 チャンス　2 ニュース　3 メニュー　4 サイン

5 なくした さいふを よく (　　　) が 見つかりません。⑬
1 しらべました　2 あつめました　3 さがしました　4 みつけました

6 いい しごとを する ためには (　　　) が ひつようです。
1 せつめい　2 ゆしゅつ　3 ぎじゅつ　4 ぼうえき

7 勉強を する ときは まず (　　　) を して おく ことが だいじです。
1 しけん　2 ふくしゅう　3 はいけん　4 けいけん

8 彼が あんな ことを 言った (　　　) が 分かりません。
1 しゅみ　2 りゆう　3 ばあい　4 きかい

9 パーティーは どこで するか もう (　　　)。⑫⑬
1 さそいましたか　2 はいりましたか　3 はらいましたか　4 きめましたか

10 日本には けっこんしきの とき お金を あげる (　　　) が あります。
1 けいけん　2 きょうみ　3 よてい　4 しゅうかん

정답 및 해석 p.153

もんだい3 （　　　）に　なにを　いれますか。1・2・3・4から　いちばん　いい　ものを　ひとつ　えらんで　ください。

1 あおもりけんは　りんごを　作る　ことが（　　　）ところです。
1 ねっしんな　　2 じょうずな　　3 さかんな　　4 じゅうぶんな

2 ふたつの　セットの（　　　）どちらか　ひとつを　えらんで　ください。
1 うち　　2 くらい　　3 あいだ　　4 ほど

3 ひこうきの（　　　）は　もう　とりましたか。
1 サービス　　2 イベント　　3 チケット　　4 ステレオ

4 コンサートの　チケットは　インターネットでだけ（　　　）する　ことが　できます。
1 やくそく　　2 よやく　　3 けいかく　　4 うけつけ

5 たんじょうびの（　　　）で　ケーキを　もらいました。
1 おみまい　　2 おまつり　　3 おいわい　　4 おみやげ

6 さっき（　　　）えいがを　見たので　ねられません。
1 こわい　　2 にがい　　3 よわい　　4 うれしい

7 なつに　ドライブを　するのは　とても（　　　）が　よくて　すきです。⑬
1 きもち　　2 つごう　　3 ぐあい　　4 こころ

8 さいきん　にわに　きれいな　花を（　　　）。
1 きりました　　2 とりました　　3 かえました　　4 うえました

9 てんきが　いいので　さっき　あらった　くつしたが　もう（　　　）。
1 おこしました　　2 かわきました　　3 かよいました　　4 ねむりました

10 この（　　　）に　なると　いつも　おいしい　ものが　食べたく　なります。
1 きおん　　2 きせつ　　3 てんき　　4 きぶん

정답 및 해석 p.153

もんだい3 （　　　）に　なにを　いれますか。1・2・3・4から　いちばん　いい ものを　ひとつ　えらんで　ください。

1 パソコンなら　もう　家に　あるので　かいません。（　　　）です。

1 ざんねん　2 しつれい　3 じょうぶ　4 けっこう

2 くすりは　とても（　　　）ので　きらいです。⑪

1 にがい　2 うまい　3 こわい　4 よわい

3 わたしは 外国の 文化に（　　　）が　あって 旅行に よく 行きます。

1 ねっしん　2 せいじ　3 けいざい　4 きょうみ

4 お父さんの　びょうきが　はやく　よくなるように（　　　）います。

1 みつかって　2 いのって　3 あやまって　4 こまって

5 この（　　　）に　ヨーロッパへ　旅行を　することに　しました。

1 きかい　2 よてい　3 そうぎょうに　4 るす

6 この プールは 3さい いかの 子どもは（　　　）する　ことが できません。⑫⑮⑰

1 したく　2 しょうち　3 りよう　4 せいかつ

7 けんこうの　ために　よく（　　　）　食べて　ください。

1 こわして　2 ぬって　3 わかして　4 かんで

8 すみません、かいぎで　つかう　しょるいを　ちょっと（　　　）して　もらえませんか。

1 ミス　2 レポート　3 セット　4 チェック

9 かべに　あたまを（　　　）たおれて　しまいました。

1 やめて　2 うって　3 つつんで　4 おこして

10 ともだちと　せの　高さを（　　　）。

1 くらべました　2 まけました　3 わかれました　4 えらびました

 정답 및 해석 p.153

もんだい3 (　　　)に　なにを　いれますか。1・2・3・4から　いちばん　いい　ものを　ひとつ　えらんで　ください。

1 ここには　ポスターを（　　　）ください。
1 おかないで　2 いれないで　3 つけないで　4 はらないで

2 むかしの しゃしんは（　　　）ので　見ないで　ください。
1 よろしい　2 にがい　3 はずかしい　4 ねむい

3 人に　ぶつかったら　まず（　　　）なりません。
1 おもわなければ　2 はなさなければ
3 あやまらなければ　4 うかがわなければ

4 いっしょうけんめい（　　　）を　すれば　きっと　じょうずに　なりますよ。
1 けんぶつ　2 しゅうかん　3 しゅみ　4 れんしゅう

5 この　みちは（　　　）して　いるので、とおれません。⑭
1 じゃま　2 こうじ　3 こしょう　4 しっぱい

6 せんそうが　多い　国は（　　　）ので　いきたく　ありません。⑮
1 ふつうな　2 きけんな　3 とくべつな　4 あんぜんな

7 （　　　）さがしても　リモコンが　見つかりません。
1 そんなに　2 どんどん　3 いくら　4 ぜんぜん

8 今日は　ねぼうして　くつじゃ　なくて（　　　）を　はいて　きて　しまいました。
1 スマホ　2 パンツ　3 サンダル　4 ピアノ

9 今日　ねぼうを　して　しまって　ちかてつに（　　　）でした。
1 まにあいません　2 たりません　3 よりません　4 とどきません

10 そういえば　たなかさんに（　　　）会って　いません。
1 ちょうど　2 しばらく　3 なかなか　4 きゅうに

정답 및 해석 p.154

もんだい3 (　　　)に　なにを　いれますか。1・2・3・4から　いちばん　いい　ものを　ひとつ　えらんで　ください。

1 バスより　ちかてつの　ほうが（　　　）ので　すきです。
1 しんぱいな　2 ふくざつな　3 あんぜんな　4 ひつような

2 ここの　川は（　　　）ですから　あぶないです。⑮
1 あさい　2 ふかい　3 ふとい　4 ほそい

3 さいきん（　　　）しまったので　ダイエットを　しようと　おもって　います。
1 やせて　2 へって　3 ふとって　4 ふえて

4 さっき　たなかさんが　かぜで　休む　という（　　　）が　きました。
1 あんない　2 よしゅう　3 しょうかい　4 れんらく

5 あじが　うすいですね。もうすこし　さとうを（　　　）。
1 やきましょう　2 ひきましょう　3 けしましょう　4 たしましょう

6 わたしの　家は（　　　）の　上に　あるので　まいにち　たいへんです。
1 かべ　2 さか　3 いし　4 えだ

7 ともだちの　むすこに（　　　）を　かって　あげました。
1 おもちゃ　2 てがみ　3 おかね　4 やくそく

8 父は　さいきん　会社で（　　　）て　たいへんそうです。
1 やすみすぎ　2 つとめすぎ　3 あそびすぎ　4 はたらきすぎ

9 きのう　もらった　花を（　　　）。
1 かざりました　2 かたづけました　3 おくりました　4 かけました

10 この　びょういんの（　　　）は　とても　やさしいです。
1 こうちょう　2 けいかん　3 かいしゃいん　4 かんごし

정답 및 해석 p.154

もんだい3 (　　　)に　なにを　いれますか。1・2・3・4から　いちばん　いい　ものを　ひとつ　えらんで　ください。

1 (　　　) が　うすいので　となりの　へやの　人の　こえが　ぜんぶ　きこえます。

1 かべ　　2 もん　　3 たたみ　　4 おくじょう

2 毎日　けしょうを　するので (　　　) を　いつも　もって　います。

1 ふとん　　2 すいどう　　3 かがみ　　4 たたみ

3 プレゼントが　なくても　きもちだけで (　　　) です。

1 じゅうぶん　　2 とくべつ　　3 げんき　　4 べんり

4 らいしゅう　ともだちが　家に　あそびに　来る (　　　) です。

1 れんらく　　2 よてい　　3 そうだん　　4 じゅんび

5 この　さかなは　ここでしか　つる　ことが　できない (　　　) さかなです。

1 めずらしい　　2 つまらない　　3 やわらかい　　4 はずかしい

6 ちずで　ばしょを (　　　) から　行きましょう。

1 はなして　　2 しらべて　　3 おしえて　　4 わすれて

7 ふねが　大きく (　　　) 怖かったです。

1 きて　　2 とまって　　3 いって　　4 ゆれて

8 かがくの せかいでは いい (　　　) を かんがえる ことが じゅうようです。⑩

1 アイディア　　2 ルール　　3 セット　　4 チャンス

9 会社の (　　　) で　ごご　6時には　かえらなければ　なりません。

1 ほうりつ　　2 きそく　　3 りゆう　　4 しゅうかん

10 よろしければ　ふくを　お (　　　) しましょうか。

1 のせ　　2 つけ　　3 かけ　　4 おき

정답 및 해석 p.154

もんだい3 （　　　）に　なにを　いれますか。1・2・3・4から　いちばん　いい　ものを　ひとつ　えらんで　ください。

1 おもい　にもつを　はこんで（　　　）が　いたく　なりました。

1 め　2 のど　3 うで　4 みみ

2 彼は　毎日　テニスの　れんしゅうを　する（　　　）こうはいです。

1 ねっしんな　2 しんせつな　3 しずかな　4 むりな

3 きらいな　人に　近くに（　　　）とても　いやでした。

1 みられて　2 いかれて　3 こられて　4 いわれて

4 すみません、この　にもつを　とうきょうまで　おくって（　　　）

1 やりたいです　2 くれたいです　3 あげたいです　4 もらいたいです

5 この（　　　）では　てんいんが　車の　まども　ふいて　くれます。

1 ガソリンスタンド　2 ホテル

3 ビル　4 タイプ

6 わたしの 家は 人や たてものが あまり 多く　ない（　　　）に あります。

1 こうがい　2 こくさい　3 こうこう　4 こうどう

7 この　ぎゅうにくは　とても（　　　）おいしいです。

1 ちいさくて　2 かたくて　3 おおきくて　4 やわらかくて

8 明日は　A大学の　入学しけんを（　　　）に　いきます。

1 とり　2 ひろい　3 うけ　4 もち

9 スマホが（　　　）したので　今　でんわが　できません。⑪⑫

1 こしょう　2 しっぱい　3 ようい　4 しょうかい

10 明日は　てんきが　よくない　そうなので　でかけるのは（　　　）ことに　した。

1 やめる　2 やむ　3 とめる　4 とどける

확인문제 1

1 ① 머리도 아프고, 열도 조금 있습니다.
2 ④ 오늘은 아침 일찍 일어나서 지금 무척 졸립니다.
3 ② 자물쇠 잠그는 것을 깜빡했습니다.
4 ② 잃어버렸던 반지를 찾아서 안심했습니다.
5 ④ 사고 때문에 팔을 다치고 말았습니다.
6 ③ 돈이 부족해서 친구에게 빌렸습니다.
7 ① 콘서트는 예정보다 10분 늦게 시작했습니다.
8 ④ 스포츠를 하기 전에 충분한 준비운동이 필요합니다.
9 ③ 에스컬레이터에서는 걷거나 뛰지 마세요.
10 ④ 조금 전까지 비가 심하게 왔는데 지금은 그쳤습니다.

확인문제 2

1 ④ 제 남동생은 저보다 키가 큽니다.
2 ① 소중히 하던 접시를 떨어뜨려 깨 버렸습니다.
3 ③ 싼 고기는 그다지 맛있지 않습니다.
4 ④ 할아버지는 전쟁 시대를 경험했습니다.
5 ③ 큰 소리를 내서 목이 아파졌습니다.
6 ③ 장래의 꿈은 의사가 되는 것입니다.
7 ④ 내일 늦잠을 자지 않을까 무척 걱정입니다.
8 ③ 더우면 거기 스위치를 눌러 냉방을 켜 주세요.
9 ② 요리에 실패해서 전부 버리고 말았습니다.
10 ③ 새로운 생활에도 이제 익숙해졌습니다.

확인문제 3

1 ② 어제는 날씨가 나빠서 밖에 나가지 않았습니다.
2 ③ 외국어는 단어를 많이 기억하는 것이 중요합니다.
3 ③ 다음 주 친구의 결혼식에는 반드시 출석(참석)할 생각입니다.
4 ② 저는 남자지만 팔의 힘이 세지 않습니다.
5 ① 이 옷은 어떤가요? 이탈리아제로 조금 비쌌는데요.
6 ① 다음 주 월요일까지 리포트를 내야 합니다.
7 ④ 이사 온 옆집 사람이 집에 인사를 하러 왔습니다.
8 ② 오늘은 약속이 있어서 이만 실례하겠습니다.
9 ② 내일은 대학에 입학하기 위한 중요한 시험이 있습니다.
10 ② 겨울인데 난방이 고장 나 버렸습니다.

확인문제 4

1 ④ 여기 바다는 얕아서 어린 아이가 놀아도 괜찮습니다.
2 ④ 태풍으로 정원의 나뭇가지가 부러져 버렸다.
3 ① 먼저 계산대에서 요금을 내고 이용해 주세요.
4 ② 옛날 옷은 작아서 이제 입을 수 없습니다.
5 ④ 운동을 많이 해서 목이 말랐습니다.
6 ① 그와는 오늘 6시 반에 이 공원에서 만날 약속입니다.
7 ① 많이 걸어서 다리가 피곤했습니다.
8 ④ 여행을 가기 위해서 주 3회 레스토랑에서 아르바이트를 하고 있습니다.
9 ④ 지금 여자 친구와 같이 있으니 방해를 하지 말아 주세요.
10 ① 남편이 좀처럼 돌아오지 않아서 걱정입니다.

확인문제 5

1 ④ 세 개 중 어떤 게 좋습니까?
2 ④ 유럽 여행의 기념품으로 친구에게 와인을 샀습니다.
3 ③ 심한 감기가 아니니까 병원에 가지 않아도 괜찮습니다.
4 ③ 저는 케이크 같은 단 것을 좋아하지 않습니다.
5 ④ 내일의 날씨는 10도 이하로 춥다고 해요.
6 ① 바빠서 여행의 준비를 할 시간이 없습니다.
7 ③ 이 게임의 규칙은 간단하니까, 함께 합시다.
8 ④ 뉴스 방송으로 오늘 아침 지진이 일어났다는 것을 알았습니다.
9 ② 저는 어머니를 아주 닮았습니다.
10 ④ 아버지는 미국과 의류 무역을 하는 회사에서 일하고 있습니다.

확인문제 6

1 ④ 오늘은 친구의 병문안을 하러 병원에 갑니다.
2 ② 건강과 스트레스에는 큰 관계가 있다.
3 ④ 그가 가르쳐 주는 정보는 언제나 확실하기 때문에 믿습니다.
4 ② 오늘은 일이 바빠서 점심을 먹지 못했습니다.
5 ③ 냉방이 조금 세서 춥습니다.
6 ④ 저는 일본 요리 중에서도 특히 초밥이 좋습니다.
7 ④ 일주일 간 여행으로 개를 보살필 수 없어서 걱정입니다.
8 ① 회사에는 한 번 버스를 갈아타지 않으면 안 됩니다.
9 ③ 오늘은 파티에 초대해 주셔서 감사합니다.
10 ④ 구두를 벗고 방에 들어와 주세요.

확인문제 7

1 ② 물을 너무 많이 넣어서 맛이 조금 싱거워졌습니다.
2 ③ 최근 산 샌들은 아주 신기 쉽습니다.
3 ④ 어제 친구로부터 결혼 파티의 안내 메일이 왔습니다.
4 ④ 매일 아침 30분 꼭 가벼운 운동을 하고 있습니다.
5 ① 그녀의 말투는 언제나 정중하기 때문에 기분이 좋습니다.
6 ① 저에게는 큰 꿈이 있습니다.
7 ② 유럽에서는 많은 와인이 생산되고 있습니다.
8 ④ 차가운 것을 너무 먹어서 몸이 차가워졌습니다.
9 ④ 이 엘리베이터는 지하까지 가지 않습니다.
10 ② 태풍 때문에 축구 경기가 중지되었습니다.

확인문제 8

1 ① 우리 부모는 교육에 매우 열정적이고 엄격했습니다.
2 ① 눈 때문에 미끄러지기 쉬우니 조심하세요.
3 ③ 친구가 선물을 보내 줘서 감사 전화를 했습니다.
4 ② 지금보다 더 살기 좋은 마을로 이사하고 싶습니다.
5 ④ 요즘 일이 힘들어서 어제 친구에게 상담을 했습니다.
6 ④ 어제 길에서 떨어뜨린 장갑을 모르는 사람이 주워 줬습니다.
7 ③ 이 숙제는 다음 주 월요일까지 제출하지 않으면 안 됩니다.
8 ② 그 빌딩이라면 이 길을 100미터 정도 가면 있습니다.
9 ④ 텔레비전 소리가 시끄러우니 소리를 조금 작게 해 주세요.
10 ② 잃어버린 열쇠를 찾고 있습니다만 아직 못 찾았습니다.

확인문제 9

1 ③ 좋아하는 사람에게 선물을 받아서 너무 기쁩니다.
2 ③ 다나카 씨는 매일 공부를 하거나 책을 읽거나 아주 성실합니다.
3 ③ 저는 지금 신주쿠의 호텔에서 묵고 있습니다.
4 ① 옆 사람에게 발을 밟혀서 무척 아팠습니다.
5 ④ 일본 여행을 갔을 때 친구가 안내를 해 주었습니다.
6 ② 내일 스무 살 생일을 맞습니다.
7 ③ 아이가 나쁜 짓을 했기 때문에 야단을 쳤습니다.
8 ① 바람이 멎어 아주 조용해졌습니다.
9 ③ 저금을 해서 언젠가 미국 여행을 가고 싶다고 생각하고 있습니다.
10 ② 부장님께 오늘은 쉰다고 전해 주세요.

확인문제 10

1 ① 우리 개는 아주 얌전해서 무섭지 않습니다.
2 ② 인터넷에는 여러 가지 정보가 있어서 아이들에게는 위험합니다.
3 ② 커피를 만들기 위한 물이 끓었습니다.
4 ② 어제 술을 너무 마셔서 늦잠을 자 버렸습니다.
5 ④ 나쁜 짓을 해서 야단을 맞았습니다.
6 ④ 여보세요, 아르바이트 포스터를 보고 연락 드렸습니다.
7 ③ 배가 고파서 편의점에 들렀다가 집에 돌아갑니다.
8 ③ 모르는 것이 있으면 사양 말고 언제든지 물어보세요.
9 ④ 선물이니까 예쁘게 포장해 주시겠습니까?
10 ③ 요즘은 스마트폰이 아이들의 교육에 매우 도움이 됩니다.

확인문제 11

1 ② 집에 중요한 서류를 놔두고 와 버렸습니다.
2 ④ 전쟁은 위험하니까 저는 반대입니다.
3 ② 이 소파는 딱딱해서 앉기가 무척 불편합니다.
4 ① 이 파일을 내일까지 메일로 보내지 않으면 안 됩니다.
5 ① 이 그림에 손대서는 안 됩니다.
6 ② 저 새로운 빌딩은 백화점입니다.
7 ④ 서랍 안에 옛날 사진이 잔뜩 들어 있습니다.
8 ② 친구와 어느 쪽이 더 빠른지 경쟁했습니다.
9 ③ 이 건물의 옥상에서 예쁜 경치가 잘 보입니다.
10 ① 어제 친구의 숙제를 도와주었습니다.

확인문제 12

1 ② 이 영화는 18세 이상만 볼 수 있습니다.
2 ① 친구가 이사 간다는 것을 알게 되어 무척 슬픕니다.
3 ④ 스즈키 선생님은 모르는 곳을 언제나 상냥하게 가르쳐 주십니다.
4 ① 시끄러워서 안내 방송이 잘 들리지 않습니다.

5 ④ 내일 친구의 컴퓨터를 고쳐 줄 예정입니다.
6 ① 내 여자 친구는 옛날에 배구를 했기 때문에 키가 크다.
7 ④ 꼭 한 번 홋카이도에 가 보고 싶네요.
8 ② 바람이 너무 강해서 우산을 써도 의미가 없습니다.
9 ④ 이 접시는 깨졌기 때문에 버리는 편이 좋다고 생각합니다.
10 ④ 장래의 일로 부모와 싸우고 말았습니다.

확인문제 13

1 ④ 우리 부모님은 엄격해서 어렸을 때 힘들었습니다.
2 ② 일본에서 여성에게 몇 살인지를 묻는 것은 실례되는 것입니다.
3 ① 오늘은 제가 내겠습니다.
4 ③ 제 일은 미국 책을 일본어로 번역하는 일입니다.
5 ③ 저번에 상처가 났던 부분이 이제 나았습니다.
6 ④ 공장 안은 생선 냄새가 났습니다.
7 ④ 어제 친구에게 빌렸던 게임을 잃어버리고 말았습니다.
8 ④ 우리 집 텔레비전이 망가지고 말았습니다.
9 ② 계산대에서 일하는 사람은 파트 타임인 사람이 많다.
10 ① 지진이 일어나도 안전한 집에서 살고 싶습니다.

확인문제 14

1 ③ 최근 작은 글씨가 잘 보이지 않게 되었습니다.
2 ① 선배가 회사를 그만둬 버려서 매우 유감입니다.
3 ② 이 근처에는 가게가 한 채도 없습니다.
4 ① 선생님에게 질문을 하려면 수업이 없는 지금이 기회다.
5 ③ 잃어버린 지갑을 찾아 보았지만 찾지 못했습니다.
6 ③ 좋은 일을 하기 위해서는 기술이 필요합니다.
7 ② 공부를 할 때는 먼저 복습을 해 두는 것이 중요합니다.
8 ② 그가 그런 말을 한 이유를 모르겠습니다.
9 ④ 파티는 어디서 할지 이제 정했습니까?
10 ④ 일본에는 결혼식 때 돈을 주는 관습이 있습니다.

확인문제 15

1 ③ 아오모리현은 사과 생산이 활발한 곳입니다.
2 ① 두 세트 중에서 어느 한 쪽을 골라 주세요.
3 ③ 비행기 티켓은 이미 구하셨습니까?
4 ② 콘서트의 티켓은 인터넷에서만 예약할 수 있습니다.
5 ③ 생일 축하 선물로 케이크를 받았습니다.
6 ① 아까 무서운 영화를 봐서 잘 수 없습니다.
7 ① 여름에 드라이브를 하는 것은 무척 기분이 상쾌해서 좋아합니다.
8 ④ 최근 정원에 예쁜 꽃을 심었습니다.
9 ② 날씨가 좋아서 아까 빨았던 양말이 벌써 말랐습니다.
10 ② 이 계절이 되면 언제나 맛있는 음식이 먹고 싶어집니다.

확인문제 16

1 ④ 컴퓨터라면 이미 집에 있어서 안 삽니다. 괜찮습니다.
2 ① 약은 너무 써서 싫습니다.
3 ④ 저는 외국 문화에 흥미가 있어서 여행을 자주 갑니다.
4 ② 아버지의 병이 빨리 좋아지기를 빌고 있습니다.
5 ① 이 기회에 유럽으로 여행을 가기로 했습니다.
6 ③ 이 수영장은 3세 이하의 어린이는 이용할 수 없습니다.
7 ④ 건강을 위해 잘 씹어 드세요.
8 ④ 실례합니다, 회의에서 쓸 서류를 좀 체크해 주시겠어요?
9 ② 벽에 머리를 부딪혀 쓰러져 버렸습니다.
10 ① 친구와 키(높이)를 비교해 보았습니다.

확인문제 17

1 ④ 여기에는 포스터를 붙이지 말아 주세요.
2 ③ 옛날 사진은 부끄러우니까 보지 말아 주세요.
3 ③ 사람에게 부딪혔으면 먼저 사과해야 합니다.
4 ④ 열심히 연습을 하면 분명 잘하게 될 거예요.
5 ② 이 길은 공사하고 있어서 지나갈 수 없습니다.
6 ② 전쟁이 많은 나라는 위험해서 가고 싶지 않습니다.

7 ③ 아무리 찾아도 리모컨이 보이지 않습니다.
8 ③ 오늘은 늦잠을 자서 구두가 아니라 샌들을 신고 와 버렸습니다.
9 ① 오늘 늦잠을 자 버려서 지하철 시간에 맞추지 못했습니다.
10 ② 그러고 보니 다나카 씨를 얼마 동안 보지 못했습니다.

확인문제 18

1 ③ 버스보다 지하철 쪽이 안전해서 좋습니다.
2 ② 여기의 강은 깊어서 위험합니다.
3 ③ 요즘 살이 쪄서 다이어트를 하려고 생각하고 있습니다.
4 ④ 아까 다나카 씨가 감기로 쉰다는 연락이 왔습니다.
5 ④ 맛이 싱겁네요. 조금 더 설탕을 넣읍시다.
6 ② 우리 집은 비탈길 위에 있기 때문에 매일 힘듭니다.
7 ① 친구의 아들에게 장난감을 사 주었습니다.
8 ④ 아버지는 요즘 회사에서 일을 너무 많이 해서 힘든 것 같습니다.
9 ① 어제 받았던 꽃을 장식했습니다.
10 ④ 이 병원의 간호사는 매우 친절합니다.

확인문제 19

1 ① 벽이 얇아서 옆방 사람의 목소리가 전부 들립니다.
2 ③ 매일 화장을 하기 때문에 거울을 항상 가지고 있습니다.
3 ① 선물이 없어도 마음만으로 충분합니다.
4 ② 다음 주 친구가 집에 놀러 올 예정입니다.
5 ① 이 물고기는 여기에서만 잡을 수 있는 희귀한 물고기입니다.
6 ② 지도로 장소를 알아보고 가죠.
7 ④ 배가 크게 흔들려서 무서웠습니다.
8 ① 과학의 세계에서는 좋은 아이디어를 생각해 내는 것이 중요합니다.
9 ② 회사의 규칙으로 오후 6시에는 돌아가지 않으면 안 됩니다.
10 ③ 괜찮으시다면 옷을 걸어 드릴까요?

확인문제 20

1 ③ 무거운 짐을 옮겨서 팔이 아파졌습니다.
2 ① 그는 매일 테니스 연습을 하는 열정적인 후배입니다.
3 ③ 싫어하는 사람이 가까이 와서 무척 싫었습니다.
4 ④ 실례합니다만, 이 짐을 도쿄까지 보내 주셨으면 합니다.
5 ① 이 주유소에서는 점원이 자동차의 창문도 닦아 줍니다.
6 ① 저희 집은 사람이나 건물이 그다지 많지 않은 교외에 있습니다.
7 ④ 이 소고기는 아주 부드러워서 맛있습니다.
8 ③ 내일은 A대학의 입학시험을 치르러 갑니다.
9 ① 스마트폰이 고장 났기 때문에 지금 전화를 할 수 없습니다.
10 ① 내일은 날씨가 좋지 않다고 해서 외출하는 것은 그만두기로 했다.

もんだい 4 유의표현

문제유형 유의표현(5문항)

주어진 문장과 비슷한 의미의 문장을 찾는 문제이다.

もんだい4 ＿＿＿＿の　ぶんと　だいたい　おなじ　いみの　ぶんが　あります。1・2・3・4から　いちばん　いい　ものを　ひとつ　えらんで　ください。

25 バスが　しゅっぱつしました。

1 バスが　とまりました。

2 バスが　でました。

3 バスが　つきました。

4 バスが　まがりました。

25	① ● ③ ④

포인트

〈もんだい3〉과 마찬가지로 어휘의 의미를 잘 알아야 쉽게 풀 수 있는 문제이다. 어휘의 한 가지 의미만 외우는 것이 아니라 다양한 의미와 비슷한 표현도 같이 기억하도록 하자. 예를 들어 「絵がうまい」의 「うまい」는 '맛있다' '잘하다' 등의 의미가 있는데 여기서는 '잘하다'의 의미로 쓰인다.

학습요령

〈もんだい4〉에서는 단어 카드나 단어 노트를 만들어서 어휘를 외우는 사람이 많은데 단어의 의미를 한국어가 아니라 일본어로 바꿔서 외우는 것도 좋은 방법이다. 그렇게 하면 한 번에 2 · 3개의 어휘가 외워지기 때문에 어휘를 늘리는 데 효과적이다.

정답 및 해석 p.176

もんだい4 ＿＿＿の　ぶんと　だいたい　おなじ　いみの　ぶんが　あります。
1・2・3・4から　いちばん　いい　ものを　ひとつ　えらんで　ください。

1 急ぎましょう。まだ　バスに　間に合うかも　しれませんよ。
1 乗れば バスに 間に合うかも しれませんよ。
2 歩けば バスに 間に合うかも しれませんよ。
3 走れば バスに 間に合うかも しれませんよ。
4 見れば バスに 間に合うかも しれませんよ。

2 そこには　美しい　花が　さいて　いました。⑬
1 そこには 親切な 花が さいて いました。
2 そこには きれいな 花が さいて いました。
3 そこには じゅうぶんな 花が さいて いました。
4 そこには にぎやかな 花が さいて いました。

3 うちの　子は　とても　おとなしいです。⑩⑪⑬
1 うちの 子は あまり 見ません。
2 うちの 子は あまり 寝ません。
3 うちの 子は あまり 食べません。
4 うちの 子は あまり なきません。

4 さっき　送った　メールを　チェックして　ください。⑩
1 さっき 送った メールを さがして ください。
2 さっき 送った メールを 消して ください。
3 さっき 送った メールを 見せて ください。
4 さっき 送った メールを かくにんして ください。

5 明日には　もう　きこくしなければ　なりません。⑱
1 明日には もう チケットを 予約しなければ なりません 。
2 明日には もう 仕事を 終えなければ なりません。
3 明日には もう 国に 帰らなければ なりません。
4 明日には もう 試験を 受けなければ　なりません。

정답 및 해석 p.176

もんだい4 ＿＿＿の　ぶんと　だいたい　おなじ　いみの　ぶんが　あります。
1・2・3・4から　いちばん　いい　ものを　ひとつ　えらんで　ください。

1 長い間　使って　いた　れいぞうこが　こわれて　しまいました。

1 長い間 使って いた れいぞうこが なくなって しまいました。

2 長い間 使って いた れいぞうこが こしょうして しまいました。

3 長い間 使って いた れいぞうこが 変わって しまいました。

4 長い間 使って いた れいぞうこが 空いて しまいました。

2 ここでは　ビールを　せいさんして　います。⑭

1 ここは ビールの はくぶつかんです。

2 ここは ビールの いちばです。

3 ここは ビールの こうじょうです。

4 ここは ビールを 飲む ところです。

3 明日には　たいいん　できると　思いますよ。

1 明日には 友だちに 会えると 思いますよ 。

2 明日には 家に 帰れると 思いますよ。

3 明日には いい けっかが 出ると 思いますよ。

4 明日には ご飯が 食べられると 思いますよ。

4 この　国では　車を　多く　ゆしゅつ　して　います。⑬

1 この 国では 車を 多く 外国に うって います。

2 この 国では 車を 多く 外国から かって います。

3 この 国では 車を 多く 作って います。

4 この 国では 車に 多く 乗って います。

5 きけんなので　あまり　近くに　行かないで　ください。⑮

1 あぶないですから あまり 近くに 行かないで ください。

2 さびしいですから あまり 近くに 行かないで ください。

3 きたないですから あまり 近くに 行かないで ください。

4 あついですから あまり 近くに 行かないで ください。

もんだい4 ＿＿＿の　ぶんと　だいたい　おなじ　いみの　ぶんが　あります。
1・2・3・4から　いちばん　いい　ものを　ひとつ　えらんで　ください。

1 家族は　他の　だれよりも　大切です。
1 家族は いちばん じゅうようです。
2 家族は いちばん 親切です。
3 家族は いちばん しずかです。
4 家族は いちばん 便利です。

2 としょかんの　利用は　朝　9時から　夜　9時までです。⑰
1 としょかんは 朝 9時から 夜 9時まで 使えません。
2 としょかんは 朝 9時から 夜 9時まで はたらく ことが できます。
3 としょかんは 朝 9時から 夜 9時まで 使う ことが できます。
4 としょかんは 朝 9時から 夜 9時まで はたらけません。

3 新聞の　字が　小さすぎて　よく　見えません。
1 記事が 小さすぎて よく 見えません。
2 テレビが 小さすぎて よく 見えません。
3 映画が 小さすぎて よく 見えません。
4 ゲームが 小さすぎて よく 見えません。

4 友だちの　誕生日に　ハンカチを　あげました。
1 友だちの 誕生日に ハンカチを チェックしました。
2 友だちの 誕生日に ハンカチを プレゼントしました。
3 友だちの 誕生日に ハンカチを セットしました。
4 友だちの 誕生日に ハンカチを ダイエットしました。

5 知らない　人の　かたに　ぶつかったので　謝（あやま）りました。
1 知らない 人の かたに ぶつかったので すみませんと 言いました。
2 知らない 人の かたに ぶつかったので ありがとうと 言いました。
3 知らない 人の かたに ぶつかったので いただきますと 言いました。
4 知らない 人の かたに ぶつかったので ごちそうさまと 言いました。

확인문제 ④

정답 및 해석 p.177

もんだい4　＿＿＿の　ぶんと　だいたい　おなじ　いみの　ぶんが　あります。
1・2・3・4から　いちばん　いい　ものを　ひとつ　えらんで　ください。

1 無理な　ダイエットは　体に　わるいですよ。

1 急に する ダイエットは 体に わるいですよ。
2 ゆっくり する ダイエットは 体に わるいですよ。
3 はげしい ダイエットは 体に わるいですよ。
4 かんたんな ダイエットは 体に わるいですよ。

2 雪の　せいで　バスが　おくれて　います。

1 雪の せいで バスが なかなか 来ません。
2 雪の せいで バスが こんで います。
3 雪の せいで バスが すぐに 来ました。
4 雪の せいで バスが すいて います。

3 週末なので　どこに　行っても　こんで　いますね。⑪⑬⑮

1 週末なので どこに 行っても 人が 多いですね。
2 週末なので どこに 行っても 人が 少ないですね。
3 週末なので どこに 行っても 楽しいですね。
4 週末なので どこに 行っても 楽しくないですね。

4 サンタクロースは　世界中の　子どもたちに　プレゼントを　とどけて　います。⑭

1 サンタクロースは 世界中の 子どもたちに プレゼントを 作って 行って います。
2 サンタクロースは 世界中の 子どもたちに プレゼントを 持って 行って います。
3 サンタクロースは 世界中の 子どもたちに プレゼントを ひろって 行って います。
4 サンタクロースは 世界中の 子どもたちに プレゼントを 買って 行って います。

5 週末　友だちが　家に　来るので　しょくりょうひんを　買って　おきます。

1 週末 友だちが 家に 来るので 食べ物を 買って おきます。
2 週末 友だちが 家に 来るので 食器を 買って おきます。
3 週末 友だちが 家に 来るので テレビを 買って おきます。
4 週末 友だちが 家に 来るので ふとんを 買って おきます。

정답 및 해석 p.178

もんだい4 ＿＿＿の ぶんと だいたい おなじ いみの ぶんが あります。
1・2・3・4から いちばん いい ものを ひとつ えらんで ください。

1 インドの 人は おどる ことが 好きだそうです。⑫
1 インドの 人は ダンスが 好きだそうです。
2 インドの 人は パーティーが 好きだそうです。
3 インドの 人は ダイエットが 好きだそうです。
4 インドの 人は プレゼントが 好きだそうです。

2 ぬいだ うわぎを かけて おきました。
1 ぬいだ うわぎを 売りました。
2 ぬいだ うわぎを ひろいました。
3 ぬいだ うわぎを 買いました。
4 ぬいだ うわぎを かたづけました。

3 どうやら 山田さんは るすのようですね。⑩⑮
1 どうやら 山田さんは 家に いるようですね。
2 どうやら 山田さんは 家に いないようですね。
3 どうやら 山田さんは 頭が いいようですね。
4 どうやら 山田さんは 頭が わるいようですね。

4 死ぬまでに かならず ヨーロッパに 行く つもりです。
1 死ぬまでに 一度は ヨーロッパに 行く つもりです。
2 死ぬまでに ぜったい ヨーロッパに 行きたく ありません。
3 死ぬまでに ヨーロッパに 行けたら 行く つもりです。
4 死ぬまでに ヨーロッパに 行くか 行かないか 分かりません。

5 すみませんが、パソコンが こわれて いたので とりかえて ください。
1 すみませんが、 パソコンが こわれて いたので けいさんして ください。
2 すみませんが、 パソコンが こわれて いたので せいさんして ください。
3 すみませんが、 パソコンが こわれて いたので こうかんして ください。
4 すみませんが、 パソコンが こわれて いたので そうだんして ください。

 정답 및 해석 p.178

**もんだい4 ＿＿＿の ぶんと だいたい おなじ いみの ぶんが あります。
1・2・3・4から いちばん いい ものを ひとつ えらんで ください。**

1 会社に 新しく 入った 人が あいさつを しに 来(き)ました。

1 会社に 新しく 入った 人が 私に こんにちはと 言いました。
2 会社に 新しく 入った 人が 私に さようならと 言いました。
3 会社に 新しく 入った 人が 私に ありがとうと 言いました。
4 会社に 新しく 入った 人が 私に いただきますと 言いました。

2 悪いことを したので 先生に しかられました。

1 悪いことを したので 先生に わらわれました。
2 悪いことを したので 先生に ほめられました。
3 悪いことを したので 先生に たのまれました。
4 悪いことを したので 先生に おこられました。

3 子どもの ころから やさいが きらいでした。

1 子どもの ころから にくや さかな ばかり 食べて いました。
2 子どもの ころから トマトが 好きでした。
3 子どもの ころから 何でも よく 食べました。
4 子どもの ころから あまり たくさん 食べませんでした。

4 今週末は 予定が まだ ありません。

1 今週末は 食べる ものが ありません。
2 今週末は 何を するか まだ きめて いません。
3 今週末は しゅくだいが ありません。
4 今週末は ともだちと どこで あそぶか まだ きめて いません。

5 昨日 頭が いたかったですが 朝 起きたら なおって いました。⑩

1 昨日 頭が いたかったですが 朝 起きたら ひろく いました。
2 昨日 頭が いたかったですが 朝 起きたら 悪くなって いました。
3 昨日 頭が いたかったですが 朝 起きたら すすんで いました。
4 昨日 頭が いたかったですが 朝 起きたら よくなって いました。

정답 및 해석 p.179

**もんだい4　＿＿＿の　ぶんと　だいたい　おなじ　いみの　ぶんが　あります。
1・2・3・4から　いちばん　いい　ものを　ひとつ　えらんで　ください。**

1 部長の　かわりに　私が　しゅっちょうに　行く　ことに　なりました。

1 部長と いっしょに 私も しゅっちょうに 行く ことに なりました。
2 部長じゃ なくて 私が しゅっちょうに 行く ことに なりました。
3 私じゃなくて 部長が しゅっちょうに 行く ことに なりました。
4 部長より 前に 私が まず しゅっちょうに 行く ことに なりました。

2 今回の　大学の　しけんは　だめでした。

1 今回の 大学の しけんは ごうかくでした。
2 今回の 大学の しけんは ふごうかくでした。
3 今回の 大学の しけんは かんたんでした。
4 今回の 大学の しけんは むずかしかったです。

3 週末じゃ　ないので　バスは　すいて　いました。⑬

1 週末じゃ ないので バスは 人が あまり いませんでした。
2 週末じゃ ないので バスは 人が たくさん いました。
3 週末じゃ ないので バスは はやかったです。
4 週末じゃ ないので バスは おそかったです。

4 背が　高い　だんせいが　タイプです。

1 背が 高い 女の人が タイプです。
2 背が 高い 男の人が タイプです。
3 私は 背が 高い 方です。
4 私は 背が あまり 高く ない 方です。

5 ていねいに　あいさつを　して　くれたので　気分が　いいです。

1 その 人は マナーが とても よかったです。
2 その 人は せいかくが とても よかったです。
3 その 人は かおが とても よかったです。
4 その 人は こえが とても よかったです。

정답 및 해석 p.179

もんだい4 ＿＿＿の ぶんと だいたい おなじ いみの ぶんが あります。
1・2・3・4から いちばん いい ものを ひとつ えらんで ください。

1 東京は とても にぎやかな ところです。⑫

1 東京には 人が とても 多いです。
2 東京には 人が あまり いません。
3 東京の けしきは とても きれいです。
4 東京の 町は とても 楽しいです。

2 今日 何時に うかがえば よろしいですか。

1 今日 何時に 起きれば いいですか。
2 今日 何時に 食べれば いいですか。
3 今日 何時に うたがえば いいですか。
4 今日 何時に 行けば いいですか。

3 毎日 レストランで アルバイトを して います。

1 毎日 レストランで すわって います。
2 毎日 レストランで 食べて います。
3 毎日 レストランで はたらいて います。
4 毎日 レストランで 話して います。

4 なるべく エレベーターを 使わないように して います。

1 最近 頑張って(がんば) 運動を して います。
2 最近 とても 疲れて います。
3 最近 エレベーターが できて とても 便利です。
4 最近 エレベーターに よく 乗って います。

5 昨日の 夜 雪が ふったので すべります。

1 昨日の 夜 雪が ふったので いやでした。
2 昨日の 夜 雪が ふったので 見やすいです。
3 昨日の 夜 雪が ふったので きれいでした。
4 昨日の 夜 雪が ふったので ころびやすいです。

정답 및 해석 p.180

もんだい4 ＿＿＿の ぶんと だいたい おなじ いみの ぶんが あります。
1・2・3・4から いちばん いい ものを ひとつ えらんで ください。

1 安全の ために よく 周りを みて 運転して ください。。⑱

1 楽しく ドライブ する ために よく 周りを みて 運転して ください。
2 じこを 起こさない ために よく 周りを みて 運転して ください。
3 早く 行くために よく 周りを みて 運転して ください。
4 れんしゅう する ために よく 周りを みて 運転して ください。

2 この 仕事が 済(す)んだら 帰る つもりです。

1 この 仕事が 終わったら 帰る つもりです。
2 この 仕事が 始まったら 帰る つもりです。
3 この 仕事が すすんだら 帰る つもりです。
4 この 仕事が おくれたら 帰る つもりです。

3 のこった おかずは 明日 食べましょう。

1 食べられなかった おかずは 明日 食べましょう。
2 作れなかった おかずは 明日 食べましょう。
3 買えなかった おかずは 明日 食べましょう。
4 もらえなかった おかずは 明日 食べましょう。

4 さいしょは きんちょうしましたが 今は もう なれたので 大丈夫です。⑪

1 はじめての きんちょうしましたが 今は もう なれたので 大丈夫です。
2 いつものように きんちょうしましたが 今は もう なれたので 大丈夫です。
3 とちゅうで きんちょうしましたが 今は もう なれたので 大丈夫です。
4 ずっと きんちょうしましたが 今は もう なれたので 大丈夫です。

5 家の 近所に げいのうじんが 住んで いるそうです。

1 家の 前に げいのうじんが 住んで いるそうです。
2 家の となりに げいのうじんが 住んで いるそうです。
3 家の うらに げいのうじんが 住んで いるそうです。
4 家の しゅうへんに げいのうじんが 住んで いるそうです。

もんだい4 ▶ 유의표현 확인문제 ⑩

정답 및 해석 p.180

もんだい4 ＿＿＿の ぶんと だいたい おなじ いみの ぶんが あります。
1・2・3・4から いちばん いい ものを ひとつ えらんで ください。

1 ずっと 外に いたので 体が ひえて しまいました。

1 ずっと 外に いたので 体が きたなく なって しまいました。
2 ずっと 外に いたので 体が あつく なって しまいました。
3 ずっと 外に いたので 体が いたく なって しまいました。
4 ずっと 外に いたので 体が 冷たく なって しまいました。

2 しょうらいの 夢(ゆめ)は はいゆうに なることです。

1 昨日 はいゆうに なる 夢(ゆめ)を 見ました。
2 いつか はいゆうに なりたいです。
3 はいゆうに なる 夢(ゆめ)が 見たいです。
4 夢(ゆめ)に はいゆうが 出てくるように なりました。

3 えきへの 行き方を 地図(ちず)で しらべました。

1 えきへ どうやって 行くか 地図(ちず)で しらべました。
2 えきへ 行った ことが あるか 地図(ちず)で しらべました。
3 えきへ いつ 行くか 地図(ちず)で しらべました。
4 えきへ 何分で 行く ことが できるか 地図(ちず)で しらべました。

4 明日は 大学の にゅうがくしきです。

1 明日で 大学の じゅぎょうは おわりです。
2 明日で 大学生活が さいごです。
3 明日から 大学の じゅぎょうが はじまります
4 明日から 大学生活が はじまります。

5 何か 私が かわりに つたえる ことは ありますか。

1 何か 私が かわりに 言う ことは ありますか。
2 何か 私が かわりに 使う ことは ありますか。
3 何か 私が かわりに 買う ことは ありますか。
4 何か 私が かわりに 会う ことは ありますか。

 정답 및 해석 p.181

もんだい4 ＿＿＿の　ぶんと　だいたい　おなじ　いみの　ぶんが　あります。
1・2・3・4から　いちばん　いい　ものを　ひとつ　えらんで　ください。

1 今度　知り合いが　かいた　絵の　てんらんかいに　行くんです。

1 今度 知り合いが かいた 絵を 買いに 行くんです。
2 今度 知り合いが かいた 絵を かきに 行くんです。
3 今度 知り合いが かいた 絵を 見に 行くんです。
4 今度 知り合いが かいた 絵を 売りに 行くんです。

2 久しぶりに　友だちに　会いました。

1 急に 友だちに 会う ことに なりました。
2 毎日 友だちに 会って います。
3 最近 友だちに 会いました。
4 長い間 友だちに 会って いませんでした。

3 急に　大きい　じしんが　起きたので　びっくりしました。

1 急に 大きい じしんが 起きたので さわぎました。
2 急に 大きい じしんが 起きたので おどろきました。
3 急に 大きい じしんが 起きたので さけびました。
4 急に 大きい じしんが 起きたので いそぎました。

4 たまに　頭が　いたく　なる　ときが　あって　しんぱいです。

1 ときどき 頭が いたく なる ときが あって しんぱいです。
2 毎日 頭が いたく なる ときが あって しんぱいです。
3 最近 頭が いたく なる ときが あって しんぱいです。
4 むかし 頭が いたく なった ときが あって しんぱいです。

5 たいちょうには　気を　つけて　くださいね。

1 体の かんりを よく して ください。
2 道を 歩く とき ちゅういして ください。
3 何か わるい ことが あるかも しれません。
4 車を 運転する ときは ちゅういして ください。

 정답 및 해석 p.181

もんだい4 ＿＿＿の ぶんと だいたい おなじ いみの ぶんが あります。
1・2・3・4から いちばん いい ものを ひとつ えらんで ください。

1 最近　仕事が　とても　いそがしくて　寝る　ことが　できません。

1 最近 仕事が とても いやで 寝る ことが できません。
2 最近 仕事が とても 楽なので 寝る ことが できません。
3 最近 仕事が とても 楽しくて 寝る ことが できません。
4 最近 仕事が とても 多いので 寝る ことが できません。

2 もう少し　便利な　ところに　ひっこしたいです。

1 もう少し 便利な ところに くらしたいです。
2 もう少し 便利な ところに とまりたいです。
3 もう少し 便利な ところに りょこうしたいです。
4 もう少し 便利な ところに よやくしたいです。

3 雨で　キャンプが　ちゅうしに　なって　しまいました。

1 雨で キャンプが らいしゅうに なって しまいました。
2 雨で キャンプが 楽しく なく なって しまいました。
3 雨で キャンプが なくなって しまいました。
4 雨で キャンプが もっと おもしろく なりました。

4 電話でも　メールでも　かまわないので　れんらくを　して　ください。

1 れんらくを する 方法は 電話と メール どちらでも いいです。
2 電話と メールを 使って れんらくを して ください。
3 電話や メールでの れんらくは しないで ください。
4 私は 電話と メールで れんらくを する ことが できません。

5 バスは　50分おきにしか　来(き)ません。

1 バスが 来るのに 50分も かかりません。
2 バスに 間に合わなかったら 50分 待たなければ なりません。
3 バスに 乗ったら 50分で とうちゃくします。
4 バスを 50分 待って いますが 来(き)ません。

확인문제 ⑬

정답 및 해석 p.182

もんだい4 ＿＿＿の ぶんと だいたい おなじ いみの ぶんが あります。
1・2・3・4から いちばん いい ものを ひとつ えらんで ください。

1 日が くれはじめたので 帰りましょう。
1 寒く なりはじめたので 帰りましょう。
2 明るく なりはじめたので 帰りましょう。
3 くらく なりはじめたので 帰りましょう。
4 暑く なりはじめたので 帰りましょう。

2 明日の えんそくは はきやすい くつで 来(き)て ください。
1 明日の えんそくは スリッパで 来(き)て ください。
2 明日の えんそくは スニーカーで 来(き)て ください。
3 明日の えんそくは ハイヒールで 来(き)て ください。
4 明日の えんそくは くつしたで 来(き)て ください。

3 メールを 送る 前には よく かくにんしなければ なりません。
1 メールを 送る 人や ないようは よく 読んでから 送った 方が いいですよ。
2 メールは 早く 送った 方が いいですよ。
3 メールを 送る 前に 電話を した 方が いいですよ。
4 メールは たくさん 書いた 方が いいですよ。

4 鈴木さん、かぜを ひいたんですか。だから 昨日 来(こ)なかったんですね。
1 鈴木さん、かぜを ひいたんですか。また 昨日 来(こ)なかったんですね。
2 鈴木さん、かぜを ひいたんですか。そして 昨日 来(こ)なかったんですね。
3 鈴木さん、かぜを ひいたんですか。でも 昨日 来(こ)なかったんですね。
4 鈴木さん、かぜを ひいたんですか。それで 昨日 来(こ)なかったんですね。

5 昨日の 夜 変な 音を 聞きました。
1 昨日の 夜 聞いた ことが ない 音を 聞きました。
2 昨日の 夜 よく 聞く 音を 聞きました。
3 昨日の 夜 久しぶりに 音を 聞きました。
4 昨日の 夜 いい 音を 聞きました。

もんだい4 ＿＿＿の ぶんと だいたい おなじ いみの ぶんが あります。
1・2・3・4から いちばん いい ものを ひとつ えらんで ください。

1 絵を はいけんしました。すばらしかったです。
1 絵を 買いました。すばらしかったです。
2 絵を かきました。すばらしかったです。
3 絵を 見ました。すばらしかったです。
4 絵を 売りました。すばらしかったです。

2 親が 授業を 見に 来るので 緊張しました。
1 親が 授業を 見に 来るので とても 注意して 勉強しました。
2 親が 授業を 見に 来るので とても 楽しく 勉強しました。
3 親が 授業を 見に 来るので とても うれしく なりました。
4 親が 授業を 見に 来るので とても びっくり しました。

3 おれいに コーヒーでも おごりますよ。
1 きんちょうして いるので コーヒーでも おごりますよ。
2 かなしいので コーヒーでも おごりますよ。
3 さびしいので コーヒーでも おごりますよ。
4 かんしゃして いるので コーヒーでも おごりますよ。

4 東京の ちかてつは とても 複雑(ふくざつ)です。
1 東京の ちかてつは とても かんたんです。
2 東京の ちかてつは とても 多(おお)いです。
3 東京の ちかてつは とても きれいです。
4 東京の ちかてつは とても はやいです。

5 ふくしゅうを しっかり する ことが だいじです。⑭
1 ゆっくり 休んだ 方(ほう)が いいです。
2 じゅぎょうに 行く 前に 勉強を した 方(ほう)が いいです。
3 家に 帰って もう一度 同じ 勉強を した 方(ほう)が いいです。
4 たくさん 運動を した 方(ほう)が いいです。

정답 및 해석 p.183

もんだい4 ＿＿＿の　ぶんと　だいたい　おなじ　いみの　ぶんが　あります。
1・2・3・4から　いちばん　いい　ものを　ひとつ　えらんで　ください。

1 昨日は　さわいで　しまって　すみませんでした。
1 昨日は うるさく して しまって すみませんでした。
2 昨日は ぶつけて しまって すみませんでした。
3 昨日は びっくりして しまって すみませんでした。
4 昨日は 変な ことを 言って しまって すみませんでした。

2 テレビを　見て　いたら　急に　壊(こわ)れて　しまいました。
1 テレビを 見て いたら 急に 音が 聞こえなく なって しまいました。
2 テレビを 見て いたら 急に 楽しく なって しまいました。
3 テレビを 見て いたら 急に かなしく なって しまいました。
4 テレビを 見て いたら 急に こわく なって しまいました。

3 弟は　学校に　つとめて　います。
1 弟は 学校で はたらいて います。
2 弟は 学校で 勉強して います。
3 弟は 学校に 通って います。
4 弟は 学校に むかって います。

4 昨日　注文した　品物が　とどきました。
1 昨日 注文した 品物が こわれました。
2 昨日 注文した 品物が とうちゃくしました。
3 昨日 注文した 品物が なくなりました。
4 昨日 注文した 品物が まだ 来て いません。

5 今日は　私が　払いますよ。
1 今日は 私が 話しますよ。
2 今日は 私が 歌いますよ。
3 今日は 私が 作りますよ。
4 今日は 私が おごりますよ。

정답 및 해석 p.183

もんだい4 ＿＿＿の　ぶんと　だいたい　おなじ　いみの　ぶんが　あります。
1・2・3・4から　いちばん　いい　ものを　ひとつ　えらんで　ください。

1 けっこんは　むりに　しなくても　いい　という　意見に　さんせいです。

1 私は けっこんを かならず した 方(ほう)が いい と思います。

2 私も けっこんは むりに する 必要は ない と思います。

3 けっこんは むりに しなくても いいと だれかが 言って いました。

4 けっこんは むりに しなくても いいと いう ことは よくない ことです。

2 最近　きょういく　ねっしんな　おやが　ふえて　きて　います。

1 最近の 親は 子どもに 運動を たくさん させます。

2 最近の 親は 子どもに 料理を たくさん させます。

3 最近の 親は 子どもに 散歩を たくさん させます。

4 最近の 親は 子どもに 勉強を たくさん させます。

3 家族の　方　いがいは　入らないで　ください。

1 家族は 入らなければ なりません。

2 家族じゃ なくても 入る ことが できます。

3 家族は 入る ことが できません。

4 入る ことが できるのは 家族だけです。

4 明日は　朝から　大学の　こうぎが　あります。

1 明日の 朝 おやに 会います。

2 明日の 朝 きょうじゅに 会います。

3 明日の 朝 げいのうじんに 会います。

4 明日の 朝 子どもに 会います。

5 今日は　いそがしくて　まだ　食事を　して　いません。

1 私は 今 とても おなかが すいて います。

2 私は 今 とても 頭が いたいです。

3 私は 今 とても 気分が いいです。

4 私は 今 とても トイレに 行きたいです。

もんだい4 ＿＿＿の ぶんと だいたい おなじ いみの ぶんが あります。
1・2・3・4から いちばん いい ものを ひとつ えらんで ください。

1 もう そろそろ 出発するので じゅんびして ください。
1 もう そろそろ 出発するので にもつを せいりして ください。
2 もう そろそろ 出発するので しゃしんを とって ください。
3 もう そろそろ 出発するので ごはんを 食べて ください。
4 もう そろそろ 出発するので おんがくを 聞いて ください。

2 雨が ふって 車が よごれて しまいました。⑫⑭
1 雨が ふって 車が 古く なって しまいました。
2 雨が ふって 車が きれいに なって しまいました。
3 雨が ふって 車が きたなく なって しまいました。
4 雨が ふって 車が 新しく なって しまいました。

3 私は 若いので まだ けいけんが 足りません。
1 私は もっと いろいろな ことを しなければ なりません。
2 私は もっと あんないを しなければ なりません。
3 私は もっと たくさん 食べなければ なりません。
4 私は もっと 運動を しなければ なりません。

4 今日 見た 映画は とても すばらしかったです。
1 今日 見た 映画は とても 長かったです 。
2 今日 見た 映画は とても つまらなかったです。
3 今日 見た 映画は とても おもしろかったです。
4 今日 見た 映画は とても 短かったです。

5 家の 外が うるさくて 寝られません。
1 寝なければ ならないのに 誰かが 外で 歌を 歌って います。
2 寝なければ ならないのに 誰かが 外で ご飯を 食べて います。
3 寝なければ ならないのに 誰かが 外で 本を 読んで います。
4 寝なければ ならないのに 誰かが 外で 絵を かいて います。

정답 및 해석 p.184

もんだい4 ＿＿＿の ぶんと だいたい おなじ いみの ぶんが あります。
1・2・3・4から いちばん いい ものを ひとつ えらんで ください。

1 最近　たいちょうが　わるくて　やせて　しまいました。

1 最近 たいちょうが わるくて ダイエットが できません。

2 最近 たいちょうが わるくて よく 食べて しまいます。

3 最近 たいちょうが わるくて ダイエットを して います。

4 最近 たいちょうが わるくて あまり 食べる ことが できません。

2 田中先生は　とても　きびしくて　有名です。

1 田中先生は いつも 学生たちを しかって います。

2 田中先生は いつも 学生たちを 見て います。

3 田中先生は いつも 学生たちを ほめて います。

4 田中先生は いつも 学生たちを 探して います。

3 かのじょは　歌が　うまいです。⑪

1 かのじょは 歌が 大きいです。

2 かのじょは 歌が 苦手です。

3 かのじょは 歌が 上手です。

4 かのじょは 歌が 高いです。

4 私は　家族に　うそを　ついて　家を　出て　来(き)ました。

1 私は 家族に 本当の ことを 言って 家を 出て 来(き)ました。

2 私は 家族に 本当の ことを 言わないで 家を 出て 来(き)ました。

3 私は 家族に れんらくを して 家を 出て 来(き)ました。

4 私は 家族に れんらくを しないで 家を 出て 来(き)ました。

5 来週　試験が　あるので、今週は　まじめに　勉強します。⑪⑬

1 今週は じょうぶに 勉強します。

2 今週は いっしょうけんめいに 勉強します。

3 今週は しんせつに 勉強します。

4 今週は だいじに 勉強します。

정답 및 해석 p.185

もんだい4 ＿＿＿の ぶんと だいたい おなじ いみの ぶんが あります。
1・2・3・4から いちばん いい ものを ひとつ えらんで ください。

1 子どもを 育てる 時は たくさん ほめた 方(ほう)が いいですよ。⑪⑬
1 子どもを 育てる 時は たくさん いいところを 言って あげた 方(ほう)が いいですよ。
2 子どもを 育てる 時は たくさん ちゅういして あげた 方(ほう)が いいですよ。
3 子どもを 育てる 時は たくさん てつだって あげた 方(ほう)が いいですよ。
4 子どもを 育てる 時は たくさん まねを して あげた 方(ほう)が いいですよ。

2 今日の しけんの ために いっしょうけんめい 勉強を しました。
1 今日の しけんの ために あまり 勉強を しませんでした 。
2 今日の しけんの ために 毎日 5時間ずつ 勉強を しました。
3 今日の しけんの ために ちょっとだけ 勉強を しました。
4 今日の しけんの ために 昨日だけ 勉強を しました。

3 明日 5時に お宅(たく)に うかがいます。
1 明日 5時に お宅(たく)で 話します。
2 明日 5時に お宅(たく)に 行きます。
3 明日 5時に お宅(たく)に 聞きます。
4 明日 5時に お宅(たく)を 見ます。

4 ここは きんえんです。⑭
1 ここで たべものを たべては いけません。
2 ここで しゃしんを とっては いけません。
3 ここで のみものを 飲んでは いけません。
4 ここで たばこを すっては いけません。

5 かみが 長く なって きたので 切りに 行こう と思います。
1 長い間 びようしつに 行って いないので 行こう と思います。
2 長い間 会社に 行って いないので 行こう と思います。
3 長い間 デパートに 行って いないので 行こう と思います。
4 長い間 えきに 行って いないので 行こう と思います。

정답 및 해석 p.185

もんだい4 ＿＿＿の ぶんと だいたい おなじ いみの ぶんが あります。1・2・3・4から いちばん いい ものを ひとつ えらんで ください。

1 最近は　一人暮らしを　する　人が　ふえて　います。⑮
1 最近は 一人暮らしを する 人が 弱く なりました。
2 最近は 一人暮らしを する 人が 少なく なりました。
3 最近は 一人暮らしを する 人が 強く なりました。
4 最近は 一人暮らしを する 人が 多く なりました。

2 お大事に。
1 おつかれさまでした。
2 重要な ことなので わすれないで ください。
3 会えて うれしかったです。
4 たいちょうの かんりに 気を つけて ください。

3 まず　ふたを　あけて　おゆを　いれます。
1 おゆを 入れてから ふたを あけます。
2 つぎに ふたを あけて おゆを いれます。
3 ふたを あける 前に おゆを いれます。
4 いちばん さいしょに ふたを あけて おゆを いれます。

4 きっと　ごうかくしますよ。
1 いっしょうけんめい 勉強したので ごうかくする と思います。
2 あなたは いつも せいせきが わるいので ごうかくしない と思います。
3 ごうかくするかも しれませんが、分かりません。
4 もう ごうかくしました。

5 どこで　さいふを　おとしたか　わかりません。
1 さいふを だれが くれたか わかりません。
2 さいふを さがした ところが わかりません。
3 さいふを なくした ところが わかりません。
4 さいふが おちたか どうか わかりません。

확인문제 ❶

정답 1③ 2② 3④ 4④ 5③

1 서두릅시다. 아직 버스에 늦지 않을지도 모릅니다.
1 타면 버스에 늦지 않을지도 모릅니다.
2 걸으면 버스에 늦지 않을지도 모릅니다.
3 달리면 버스에 늦지 않을지도 모릅니다.
4 보면 버스에 늦지 않을지도 모릅니다.

2 거기에는 아름다운 꽃이 피어 있었습니다.
1 거기에는 친절한 꽃이 피어 있었습니다.
2 거기에는 예쁜 꽃이 피어 있었습니다.
3 거기에는 충분한 꽃이 피어 있었습니다.
4 거기에는 활기찬 꽃이 피어 있었습니다.

3 우리 아이는 아주 얌전합니다.
1 우리 아이는 별로 보지 않습니다.
2 우리 아이는 별로 자지 않습니다.
3 우리 아이는 별로 먹지 않습니다.
4 우리 아이는 별로 울지 않습니다.

4 아까 보낸 메일을 체크해 주세요.
1 아까 보낸 메일을 찾아 주세요.
2 아까 보낸 메일을 지워 주세요.
3 아까 보낸 메일을 보여 주세요.
4 아까 보낸 메일을 확인해 주세요.

5 내일이면 이제 귀국해야 합니다.
1 내일이면 이제 티켓을 예약해야 합니다.
2 내일이면 이제 일을 끝내야 합니다.
3 내일이면 이제 고국에 돌아가야 합니다.
4 내일이면 이제 시험을 쳐야 합니다.

확인문제 ❷

정답 1② 2③ 3② 4① 5①

1 오랫동안 사용했던 냉장고가 망가져 버렸습니다.
1 오랫동안 사용했던 냉장고가 없어져 버렸습니다.
2 오랫동안 사용했던 냉장고가 고장 나 버렸습니다.
3 오랫동안 사용했던 냉장고가 바뀌어 버렸습니다.
4 오랫동안 사용했던 냉장고가 비어 버렸습니다.

2 여기서는 맥주를 생산하고 있습니다.
1 여기는 맥주 박물관입니다.
2 여기는 맥주 시장입니다.
3 여기는 맥주 공장입니다.
4 여기는 맥주를 마시는 곳입니다.

3 내일은 퇴원할 수 있으리라 생각합니다.
1 내일은 친구와 만날 수 있으리라 생각합니다.
2 내일은 집에 돌아갈 수 있으리라 생각합니다.
3 내일은 좋은 결과가 나올 거라고 생각합니다.
4 내일은 밥을 먹을 수 있으리라 생각합니다.

4 이 나라에서는 자동차를 많이 수출하고 있습니다.
1 이 나라에서는 자동차를 많이 외국에 팔고 있습니다.
2 이 나라에서는 자동차를 많이 외국에서 사고 있습니다.
3 이 나라에서는 자동차를 많이 만들고 있습니다.
4 이 나라에서는 자동차를 많이 타고 있습니다.

5 위험하니까 너무 가까이 가지 마세요.
1 위험하니까 너무 가까이 가지 마세요.
2 외로우니까 너무 가까이 가지 마세요.
3 더러우니까 너무 가까이 가지 마세요.
4 뜨거우니까 너무 가까이 가지 마세요.

확인문제 3

정답 1① 2③ 3① 4② 5①

1 가족은 다른 누구보다 소중합니다.

1 가족은 가장 중요합니다.
2 가족은 가장 친절합니다.
3 가족은 가장 조용합니다.
4 가족은 가장 편리합니다.

2 도서관 이용은 아침 9시부터 저녁 9시까지입니다.

1 도서관은 아침 9시부터 저녁 9시까지 사용할 수 없습니다.
2 도서관은 아침 9시부터 저녁 9시까지 일할 수 있습니다.
3 도서관은 아침 9시부터 저녁 9시까지 사용할 수 있습니다.
4 도서관은 아침 9시부터 저녁 9시까지 일할 수 없습니다.

3 신문의 글자가 너무 작아서 잘 보이지 않습니다.

1 기사가 너무 작아서 잘 보이지 않습니다.
2 텔레비전이 너무 작아서 잘 보이지 않습니다.
3 영화가 너무 작아서 잘 보이지 않습니다.
4 게임이 너무 작아서 잘 보이지 않습니다.

4 친구의 생일에 손수건을 주었습니다.

1 친구의 생일에 손수건을 체크했습니다.
2 친구의 생일에 손수건을 선물했습니다.
3 친구의 생일에 손수건을 맞췄습니다.
4 친구의 생일에 손수건을 다이어트했습니다.

5 모르는 사람의 어깨에 부딪혀서 사과했습니다.

1 모르는 사람의 어깨에 부딪혀서 미안하다고 말했습니다.
2 모르는 사람의 어깨에 부딪혀서 고맙다고 말했습니다.
3 모르는 사람의 어깨에 부딪혀서 잘 먹겠다고 말했습니다.
4 모르는 사람의 어깨에 부딪혀서 잘 먹었다고 말했습니다.

확인문제 4

정답 1③ 2① 3① 4② 5①

1 무리한 다이어트는 몸에 해롭습니다.

1 갑자기 하는 다이어트는 몸에 해롭습니다.
2 천천히 하는 다이어트는 몸에 해롭습니다.
3 심한 다이어트는 몸에 해롭습니다.
4 간단한 다이어트는 몸에 해롭습니다.

2 눈 때문에 버스가 늦어지고 있습니다.

1 눈 때문에 버스가 좀처럼 오지 않습니다.
2 눈 때문에 버스가 붐비고 있습니다.
3 눈 때문에 버스가 바로 왔습니다.
4 눈 때문에 버스가 비어 있습니다.

3 주말이라 어디를 가도 붐비네요.

1 주말이라 어디를 가도 사람이 많네요.
2 주말이라 어디를 가도 사람이 적네요.
3 주말이라 어디를 가도 즐겁네요.
4 주말이라 어디를 가도 즐겁지 않네요.

4 산타클로스는 전세계의 아이들에게 선물을 전해 줍니다.

1 산타클로스는 전세계의 아이들에게 선물을 만들어 갑니다.
2 산타클로스는 전세계의 아이들에게 선물을 가지고 갑니다.
3 산타클로스는 전세계의 아이들에게 선물을 주워 갑니다.
4 산타클로스는 전세계의 아이들에게 선물을 사서 갑니다.

5 주말에 친구가 집에 오기 때문에 식료품을 사 둡니다.

1 주말에 친구가 집에 오기 때문에 먹을 것을 사 둡니다.
2 주말에 친구가 집에 오기 때문에 식기를 사 둡니다.
3 주말에 친구가 집에 오기 때문에 텔레비전을 사 둡니다.
4 주말에 친구가 집에 오기 때문에 이불을 사 둡니다.

확인문제 5

정답 1 ① 2 ④ 3 ② 4 ① 5 ③

1 인도 사람은 춤 추는 것을 좋아한다고 합니다.
1 인도 사람은 댄스를 좋아한다고 합니다.
2 인도 사람은 파티를 좋아한다고 합니다.
3 인도 사람은 다이어트를 좋아한다고 합니다.
4 인도 사람은 선물을 좋아한다고 합니다.

2 벗은 겉옷을 걸어 두었습니다.
1 벗은 겉옷을 팔았습니다.
2 벗은 겉옷을 주웠습니다.
3 벗은 겉옷을 샀습니다.
4 벗은 겉옷을 정리했습니다.

3 아무래도 야마다 씨는 부재중인 것 같네요.
1 아무래도 야마다 씨는 집에 있는 것 같네요.
2 아무래도 야마다 씨는 집에 없는 것 같네요.
3 아무래도 야마다 씨는 머리가 좋은 것 같네요.
4 아무래도 야마다 씨는 머리가 나쁜 것 같네요.

4 죽기 전에 반드시 유럽에 갈 생각입니다.
1 죽기 전에 한 번은 유럽에 갈 생각입니다.
2 죽기 전에 절대로 유럽에 가고 싶지 않습니다.
3 죽기 전에 유럽에 갈 수 있으면 갈 생각입니다.
4 죽기 전에 유럽에 갈지 안 갈지 모르겠습니다.

5 죄송하지만, 컴퓨터가 망가져 있으니 바꿔 주세요.
1 죄송하지만, 컴퓨터가 망가져 있으니 계산해 주세요.
2 죄송하지만, 컴퓨터가 망가져 있으니 생산해 주세요.
3 죄송하지만, 컴퓨터가 망가져 있으니 교환해 주세요.
4 죄송하지만, 컴퓨터가 망가져 있으니 상담해 주세요.

확인문제 6

정답 1 ① 2 ④ 3 ① 4 ② 5 ④

1 회사에 새로 들어온 사람이 인사를 하러 왔습니다.
1 회사에 새로 들어온 사람이 제게 안녕하세요라고 말했습니다.
2 회사에 새로 들어온 사람이 제게 안녕히 가세요라고 말했습니다.
3 회사에 새로 들어온 사람이 제게 고맙다고 말했습니다.
4 회사에 새로 들어온 사람이 제게 잘 먹겠다고 말했습니다.

2 나쁜 짓을 해서 선생님께 혼났습니다.
1 나쁜 짓을 해서 선생님이 웃었습니다.
2 나쁜 짓을 해서 선생님께 칭찬받았습니다.
3 나쁜 짓을 해서 선생님께 부탁받았습니다.
4 나쁜 짓을 해서 선생님께 야단맞았습니다.

3 어린 시절부터 채소가 싫었습니다.
1 어린 시절부터 고기나 생선만 먹었습니다.
2 어린 시절부터 토마토를 좋아했습니다.
3 어린 시절부터 뭐든 잘 먹었습니다.
4 어린 시절부터 그다지 많이 먹지 않았습니다.

4 이번 주말에는 계획이 아직 없습니다.
1 이번 주말에는 먹을 것이 없습니다.
2 이번 주말에는 뭘 할지 아직 정하지 않았습니다.
3 이번 주말에는 숙제가 없습니다.
4 이번 주말에는 친구와 어디서 놀지 아직 정하지 않았습니다.

5 어제 머리가 아팠는데 아침에 일어나니 나아 있었습니다.
1 어제 머리가 아팠는데 아침에 일어나니 넓게 있었습니다.
2 어제 머리가 아팠는데 아침에 일어나니 나빠져 있었습니다.
3 어제 머리가 아팠는데 아침에 일어나니 진행되어 있었습니다.
4 어제 머리가 아팠는데 아침에 일어나니 좋아져 있었습니다.

확인문제 7

정답　1②　2②　3①　4②　5①

1　부장님 대신에 제가 출장을 가게 되었습니다.
1　부장님과 같이 저도 출장을 가게 되었습니다.
2　부장님이 아니라 제가 출장을 가게 되었습니다.
3　제가 아니라 부장님이 출장을 가게 되었습니다.
4　부장님보다 전에 제가 먼저 출장을 가게 되었습니다.

2　이번 대학 시험은 틀렸습니다.
1　이번 대학 시험은 합격이었습니다.
2　이번 대학 시험은 불합격이었습니다.
3　이번 대학 시험은 간단했습니다.
4　이번 대학 시험은 어려웠습니다.

3　주말이 아니어서 버스는 비어 있었습니다.
1　주말이 아니어서 버스는 사람이 별로 없었습니다.
2　주말이 아니어서 버스는 사람이 많이 있었습니다.
3　주말이 아니어서 버스는 빨랐습니다.
4　주말이 아니어서 버스는 늦었습니다.

4　키가 큰 남성이 (제) 타입입니다.
1　키가 큰 여자가 타입입니다.
2　키가 큰 남자가 타입입니다.
3　저는 키가 큰 편입니다.
4　저는 키가 그다지 크지 않은 편입니다.

5　정중히 인사를 해 주었기 때문이 기분이 좋습니다.
1　그 사람은 매너가 아주 좋았습니다.
2　그 사람은 성격이 아주 좋았습니다.
3　그 사람은 얼굴이 무척 잘생겼습니다.
4　그 사람은 목소리가 무척 좋았습니다.

확인문제 8

정답　1①　2④　3③　4①　5④

1　도쿄는 아주 번화한 곳입니다.
1　도쿄에는 사람이 아주 많습니다.
2　도쿄에는 사람이 그다지 없습니다.
3　도쿄의 경치는 무척 예쁩니다.
4　도쿄의 거리는 무척 즐겁습니다.

2　오늘 몇 시에 찾아뵈면 됩니까?
1　오늘 몇 시에 일어나면 됩니까?
2　오늘 몇 시에 먹으면 됩니까?
3　오늘 몇 시에 의심하면 됩니까?
4　오늘 몇 시에 가면 됩니까?

3　매일 레스토랑에서 아르바이트를 하고 있습니다.
1　매일 레스토랑에서 앉아 있습니다.
2　매일 레스토랑에서 먹고 있습니다.
3　매일 레스토랑에서 일하고 있습니다.
4　매일 레스토랑에서 얘기하고 있습니다.

4　가급적 엘리베이터를 사용하지 않으려 하고 있습니다.
1　요즘 힘내서 운동을 하고 있습니다.
2　요즘 아주 지쳤습니다.
3　요즘 엘리베이터가 생겨서 무척 편리합니다.
4　요즘 엘리베이터를 잘 탑니다.

5　어젯밤 눈이 와서 미끄럽습니다.
1　어젯밤 눈이 와서 싫었습니다.
2　어젯밤 눈이 와서 보기 쉽습니다.
3　어젯밤 눈이 와서 깨끗합니다.
4　어젯밤 눈이 와서 넘어지기 쉽습니다.

확인문제 9

정답 1② 2① 3① 4① 5④

1 안전을 위해서 주변을 잘 보고 운전하세요.
1 즐겁게 드라이브 하기 위해 주변을 잘 보고 운전하세요.
2 사고를 일으키지 않기 위해 주변을 잘 보고 운전하세요.
3 빨리 가기 위해 주변을 잘 보고 운전하세요.
4 연습하기 위해 주변을 잘 보고 운전하세요.

2 이 일이 해결되면 돌아갈 생각입니다.
1 이 일이 끝나면 돌아갈 생각입니다.
2 이 일이 시작되면 돌아갈 생각입니다.
3 이 일이 진행되면 돌아갈 생각입니다.
4 이 일이 늦어지면 돌아갈 생각입니다.

3 남은 반찬은 내일 먹도록 해요.
1 먹지 못한 반찬은 내일 먹도록 해요
2 만들지 못한 반찬은 내일 먹도록 해요.
3 사지 못한 반찬은 내일 먹도록 해요.
4 받지 못한 반찬은 내일 먹도록 해요.

4 처음에는 긴장했지만 지금은 이제 익숙해져서 괜찮습니다.
1 처음 했을 때는 긴장했지만 지금은 이미 익숙해져서 괜찮습니다.
2 언제나처럼 긴장했지만 지금은 이미 익숙해져서 괜찮습니다.
3 도중에 긴장했지만 지금은 이미 익숙해져서 괜찮습니다.
4 계속 긴장했지만 지금은 이미 익숙해져서 괜찮습니다.

5 집 근처에 연예인이 산다고 합니다.
1 집 앞에 연예인이 산다고 합니다.
2 집 옆에 연예인이 산다고 합니다.
3 집 뒤에 연예인이 산다고 합니다.
4 집 주변에 연예인인 산다고 합니다.

확인문제 10

정답 1④ 2② 3① 4④ 5①

1 계속 밖에 있었기 때문에 몸이 차가워져 버렸습니다.
1 계속 밖에 있었기 때문에 몸이 더러워져 버렸습니다.
2 계속 밖에 있었기 때문에 몸이 뜨거워져 버렸습니다.
3 계속 밖에 있었기 때문에 몸이 아프게 되어 버렸습니다.
4 계속 밖에 있었기 때문에 몸이 차갑게 되어 버렸습니다.

2 장래의 꿈은 배우가 되는 것입니다.
1 어제 배우가 되는 꿈을 꿨습니다.
2 언젠가는 배우가 되고 싶습니다.
3 배우가 되는 꿈을 꾸고 싶습니다.
4 꿈에 배우가 나오게 되었습니다.

3 역으로 가는 방법을 지도로 알아봤습니다.
1 역으로 어떻게 가는지 지도로 알아봤습니다.
2 역으로 간 적이 있는지 지도로 알아봤습니다.
3 역으로 언제 갈지 지도로 알아봤습니다.
4 역에 몇 분 만에 갈 수 있는지 지도로 알아봤습니다.

4 내일은 대학의 입학식입니다.
1 내일로 대학의 수업이 끝납니다.
2 내일로 대학 생활이 마지막입니다.
3 내일부터 대학 수업이 시작됩니다.
4 내일부터 대학 생활이 시작됩니다.

5 뭔가 제가 대신 전할 것이 있습니까?
1 뭔가 제가 대신 말할 것이 있습니까?
2 뭔가 제가 대신 사용할 것이 있습니까?
3 뭔가 제가 대신 살 것이 있습니까?
4 뭔가 제가 대신 만날 일이 있습니까?

확인문제 11

정답 1 ③ 2 ④ 3 ② 4 ① 5 ①

1 이번에 아는 사람이 그린 그림의 전람회에 갈 거예요.

1 이번에 아는 사람이 그린 그림을 사러 갈 거예요.
2 이번에 아는 사람이 그린 그림을 그리러 갈 거예요.
3 이번에 아는 사람이 그린 그림을 보러 갈 거예요.
4 이번에 아는 사람이 그린 그림을 팔러 갈 거예요.

2 오랜만에 친구와 만났습니다.

1 갑자기 친구와 만나게 되었습니다.
2 매일 친구와 만나고 있습니다.
3 최근에 친구와 만났습니다.
4 오랫동안 친구와 만나지 못했습니다.

3 갑자기 큰 지진이 일어나서 깜짝 놀랐습니다.

1 갑자기 큰 지진이 일어나서 소란스러웠습니다.
2 갑자기 큰 지진이 일어나서 놀랐습니다.
3 갑자기 큰 지진이 일어나서 소리쳤습니다.
4 갑자기 큰 지진이 일어나서 서둘렀습니다.

4 가끔씩 머리가 아파질 때가 있어서 걱정입니다.

1 때때로 머리가 아파질 때가 있어서 걱정입니다.
2 매일 머리가 아파질 때가 있어서 걱정입니다.
3 요즘 머리가 아파질 때가 있어서 걱정입니다.
4 옛날에 머리가 아파질 때가 있어서 걱정입니다.

5 건강(컨디션)에 유의하세요.

1 몸 관리를 잘 하세요.
2 길을 걸을 때 주의하세요.
3 뭔가 나쁜 일이 있을지도 모릅니다.
4 자동차를 운전할 때는 주의하세요.

확인문제 12

정답 1 ④ 2 ① 3 ③ 4 ① 5 ②

1 최근 일이 아주 바빠서 잘 수가 없습니다.

1 최근 일이 아주 싫어서 잘 수가 없습니다.
2 최근 일이 아주 편해서 잘 수가 없습니다.
3 최근 일이 아주 즐거워서 잘 수가 없습니다.
4 최근 일이 아주 많아서 잘 수가 없습니다.

2 조금 더 편리한 곳으로 이사하고 싶습니다.

1 조금 더 편리한 곳에 살고 싶습니다.
2 조금 더 편리한 곳에 머물고 싶습니다.
3 조금 더 편리한 곳으로 여행 가고 싶습니다.
4 조금 더 편리한 곳으로 예약하고 싶습니다.

3 비 때문에 캠프가 중지되고 말았습니다.

1 비 때문에 캠프가 다음 주가 되어 버렸습니다.
2 비 때문에 캠프가 재미없어지고 말았습니다.
3 비 때문에 캠프가 없어지고 말았습니다.
4 비 때문에 캠프가 더 재밌어졌습니다.

4 전화로도 메일로도 상관없으니 연락을 해 주세요.

1 연락을 하는 방법은 전화와 메일 어느 쪽이든 좋습니다.
2 전화와 메일을 사용해서 연락해 주세요.
3 전화나 메일로의 연락은 하지 말아 주세요.
4 저는 전화와 메일로 연락을 할 수 없습니다.

5 버스는 50분 간격으로밖에 오지 않습니다.

1 버스가 오는데 50분도 안 걸립니다.
2 버스 시간을 놓치면 50분 기다려야만 합니다.
3 버스를 타면 50분이면 도착합니다.
4 버스를 50분 기다렸지만 오지 않습니다.

확인문제 13

정답 1③ 2② 3① 4④ 5①

1 날이 저물기 시작했으니 돌아갑시다.
1 추워지기 시작했으니 돌아갑시다.
2 밝아지기 시작했으니 돌아갑시다.
3 어두워지기 시작했으니 돌아갑시다.
4 더워지기 시작했으니 돌아갑시다.

2 내일 소풍은 편한 신발을 신고 와 주세요.
1 내일 소풍은 슬리퍼를 신고 와 주세요.
2 내일 소풍은 운동화를 신고 와 주세요.
3 내일 소풍은 하이힐을 신고 와 주세요.
4 내일 소풍은 양말을 신고 와 주세요.

3 메일을 보내기 전에는 잘 확인해야만 합니다.
1 메일을 보내는 사람이나 내용은 잘 읽고 나서 보내는 것이 좋습니다.
2 메일은 빨리 보내는 것이 좋습니다.
3 메일을 보내기 전에 전화를 하는 것이 좋습니다.
4 메일은 많이 쓰는 것이 좋습니다.

4 스즈키 씨, 감기 걸리셨나요? 그래서 어제 오지 않았던 거군요.
1 스즈키 씨, 감기 걸리셨나요? 또 어제 오지 않았던 거군요.
2 스즈키 씨, 감기 걸리셨나요? 그리고 어제 오지 않았던 거군요.
3 스즈키 씨, 감기 걸리셨나요? 그렇지만 어제 오지 않았던 거군요.
4 스즈키 씨, 감기 걸리셨나요? 그래서 어제 오지 않았던 거군요.

5 어젯밤 이상한 소리를 들었습니다.
1 어젯밤 들어본 적 없는 소리를 들었습니다.
2 어젯밤 자주 듣던 소리를 들었습니다.
3 어젯밤 오랜만에 소리를 들었습니다.
4 어젯밤 좋은 소리를 들었습니다.

확인문제 14

정답 1③ 2① 3④ 4② 5③

1 그림을 보았습니다. 훌륭했습니다.
1 그림을 샀습니다. 훌륭했습니다.
2 그림을 그렸습니다. 훌륭했습니다.
3 그림을 보았습니다. 훌륭했습니다.
4 그림을 팔았습니다. 훌륭했습니다.

2 부모가 수업을 보러 오기 때문에 긴장했습니다.
1 부모가 수업을 보러 오기 때문에 매우 주의해서 공부했습니다.
2 부모가 수업을 보러 오기 때문에 매우 즐겁게 공부했습니다.
3 부모가 수업을 보러 오기 때문에 매우 기뻐졌습니다.
4 부모가 수업을 보러 오기 때문에 매우 놀랐습니다.

3 답례로 커피라도 대접하겠습니다.
1 긴장하고 있으니 커피라도 대접하겠습니다.
2 슬프니까 커피라도 대접하겠습니다.
3 쓸쓸하니까 커피라도 대접하겠습니다.
4 감사하니 커피라도 대접하겠습니다.

4 도쿄의 지하철은 무척 복잡합니다.
1 도쿄의 지하철은 아주 간단합니다
2 도쿄의 지하철은 무척 많습니다.
3 도쿄의 지하철은 무척 깨끗합니다.
4 도쿄의 지하철은 아주 빠릅니다.

5 복습을 제대로 하는 것이 중요합니다.
1 편히 쉬는 편이 좋습니다.
2 수업에 가기 전에 공부를 하는 편이 좋습니다.
3 집에 돌아가서 한 번 더 같은 공부를 하는 편이 좋습니다.
4 많이 운동하는 편이 좋습니다.

확인문제 15

정답 1① 2① 3① 4② 5④

1 **어제는 소란스럽게 해서 죄송했습니다.**
1 어제는 시끄럽게 해서 죄송했습니다.
2 어제는 부딪혀 버려서 죄송했습니다.
3 어제는 깜짝 놀라서 죄송했습니다.
4 어제는 이상한 말을 해서 죄송했습니다.

2 **텔레비전을 보고 있는데 갑자기 망가지고 말았습니다.**
1 텔레비전을 보고 있는데 갑자기 소리가 들리지 않게 되었습니다.
2 텔레비전을 보고 있는데 갑자기 즐거워졌습니다.
3 텔레비전을 보고 있는데 갑자기 슬퍼졌습니다.
4 텔레비전을 보고 있는데 갑자기 무서워졌습니다.

3 **남동생은 학교에 근무하고 있습니다.**
1 남동생은 학교에서 일하고 있습니다.
2 남동생은 학교에서 공부하고 있습니다.
3 남동생은 학교에 다니고 있습니다.
4 남동생은 학교로 향하고 있습니다.

4 **어제 주문한 상품이 도착했습니다.**
1 어제 주문한 상품이 망가졌습니다.
2 어제 주문한 상품이 도착했습니다.
3 어제 주문한 상품이 없어졌습니다.
4 어제 주문한 상품이 아직 오지 않았습니다.

5 **오늘은 제가 낼게요.**
1 오늘은 제가 얘기할게요.
2 오늘은 제가 노래할게요.
3 오늘은 제가 만들게요.
4 오늘은 제가 한턱낼게요.

확인문제 16

정답 1② 2④ 3④ 4② 5①

1 **결혼은 억지로 하지 않아도 된다는 의견에 찬성입니다.**
1 저는 결혼을 반드시 하는 편이 좋다고 생각합니다.
2 저도 결혼은 억지로 할 필요는 없다고 생각합니다.
3 결혼은 억지로 하지 않아도 된다고 누군가가 말했습니다.
4 결혼은 억지로 하지 않아도 된다고 말하는 것은 좋지 않습니다.

2 **요즘 교육에 열정적인 부모가 늘어나고 있습니다.**
1 요즘의 부모는 아이에게 운동을 많이 시킵니다.
2 요즘의 부모는 아이에게 요리를 많이 시킵니다.
3 요즘의 부모는 아이에게 산책을 많이 시킵니다.
4 요즘의 부모는 아이에게 공부를 많이 시킵니다.

3 **가족 분 외에는 들어가지 마세요.**
1 가족은 들어가야만 합니다.
2 가족이 아니어도 들어갈 수 있습니다.
3 가족은 들어갈 수 없습니다.
4 들어갈 수 있는 것은 가족뿐입니다.

4 **내일은 아침부터 대학의 강의가 있습니다.**
1 내일 아침 부모를 만납니다.
2 내일 아침 교수를 만납니다.
3 내일 아침 연예인을 만납니다.
4 내일 아침 아이를 만납니다.

5 **오늘은 바빠서 아직 식사를 하지 못했습니다.**
1 저는 지금 아주 배가 고픕니다.
2 저는 지금 아주 머리가 아픕니다.
3 저는 지금 무척 기분이 좋습니다.
4 저는 지금 무척 화장실에 가고 싶습니다.

확인문제 ⑰

정답 1① 2③ 3① 4③ 5①

1 이제 슬슬 출발하니까 준비해 주세요.
1 이제 슬슬 출발하니까 짐을 정리해 주세요.
2 이제 슬슬 출발하니까 사진을 찍어 주세요.
3 이제 슬슬 출발하니까 밥을 먹어 주세요.
4 이제 슬슬 출발하니까 음악을 들어 주세요.

2 비가 와서 차가 더러워졌습니다.
1 비가 와서 차가 낡아졌습니다.
2 비가 와서 차가 깨끗해졌습니다.
3 비가 와서 차가 더러워졌습니다.
4 비가 와서 차가 새로워졌습니다.

3 저는 젊어서 아직 경험이 부족합니다.
1 저는 좀 더 여러 가지 일을 (것을) 해야만 합니다.
2 저는 좀 더 안내해야만 합니다.
3 저는 좀 더 많이 먹어야만 합니다.
4 저는 좀 더 운동해야만 합니다.

4 오늘 본 영화는 아주 훌륭했습니다.
1 오늘 본 영화는 아주 길었습니다.
2 오늘 본 영화는 아주 재미없었습니다.
3 오늘 본 영화는 아주 재미있었습니다.
4 오늘 본 영화는 아주 짧았습니다.

5 집 밖이 시끄러워서 잘 수 없습니다.
1 자야 하는데 누군가가 밖에서 노래를 부르고 있습니다.
2 자야 하는데 누군가가 밖에서 밥을 먹고 있습니다.
3 자야 하는데 누군가가 밖에서 책을 읽고 있습니다.
4 자야 하는데 누군가가 밖에서 그림을 그리고 있습니다.

확인문제 ⑱

정답 1④ 2① 3③ 4② 5②

1 최근 몸 상태가 나빠서 야위었습니다.
1 최근 몸 상태가 나빠서 다이어트를 할 수 없습니다.
2 최근 몸 상태가 나빠서 잘 먹고 있습니다.
3 최근 몸 상태가 나빠서 다이어트를 하고 있습니다.
4 최근 몸 상태가 나빠서 별로 먹을 수가 없습니다.

2 다나카 선생님은 아주 엄격해서 유명합니다.
1 다나카 선생님은 언제나 학생들을 야단치고 있습니다.
2 다나카 선생님은 언제나 학생들을 보고 있습니다.
3 다나카 선생님은 언제나 학생들을 칭찬하고 있습니다.
4 다나카 선생님은 언제나 학생들을 찾고 있습니다.

3 그녀는 노래를 잘 부릅니다.
1 그녀는 노래가 큽니다.
2 그녀는 노래를 잘하지 못합니다.
3 그녀는 노래를 잘합니다.
4 그녀는 노래가 높습니다.

4 저는 가족에게 거짓말을 하고 집을 나왔습니다.
1 저는 가족에게 사실을 말하고 집을 나왔습니다.
2 저는 가족에게 사실을 말하지 않고 집을 나왔습니다.
3 저는 가족에게 연락을 하고 집을 나왔습니다.
4 저는 가족에게 연락을 하지 않고 집을 나왔습니다.

5 다음 주 시험이 있어서, 이번 주는 착실히 공부하겠습니다.
1 이번 주는 튼튼하게 공부하겠습니다.
2 이번 주는 열심히 공부하겠습니다.
3 이번 주는 친절하게 공부하겠습니다.
4 이번 주는 소중하게 공부하겠습니다.

확인문제 19

정답 1 ① 2 ② 3 ② 4 ④ 5 ①

1 아이를 키울 때는 많이 칭찬하는 편이 좋아요.

1 아이를 키울 때는 많이 좋은 점을 말해 주는 편이 좋아요.
2 아이를 키울 때는 많이 주의를 주는 편이 좋아요.
3 아이를 키울 때는 많이 도와주는 편이 좋아요.
4 아이를 키울 때는 많이 따라 해 주는 편이 좋아요.

2 오늘 시험을 위해서 열심히 공부를 했습니다.

1 오늘 시험을 위해서 별로 공부를 하지 않았습니다.
2 오늘 시험을 위해서 매일 5시간씩 공부를 했습니다.
3 오늘 시험을 위해서 조금 공부를 했습니다.
4 오늘 시험을 위해서 어제만 공부를 했습니다.

3 내일 5시에 댁으로 찾아뵙겠습니다.

1 내일 5시에 댁에서 이야기하겠습니다.
2 내일 5시에 댁으로 가겠습니다.
3 내일 5시에 댁에 듣겠습니다.
4 내일 5시에 댁을 보겠습니다.

4 여기는 금연입니다.

1 여기에서 음식을 먹어서는 안 됩니다.
2 여기에서 사진을 찍어서는 안 됩니다.
3 여기에서 음료를 마셔서는 안 됩니다.
4 여기에서 담배를 피워서는 안 됩니다.

5 머리가 길어졌기 때문에 자르러 가려고 합니다.

1 오랫동안 미용실에 가지 않아서 가려고 합니다.
2 오랫동안 회사에 가지 않아서 가려고 합니다.
3 오랫동안 백화점에 가지 않아서 가려고 합니다.
4 오랫동안 역에 가지 않아서 가려고 합니다.

확인문제 20

정답 1 ④ 2 ④ 3 ④ 4 ① 5 ③

1 최근에는 혼자 사는 사람이 늘고 있습니다.

1 최근에는 혼자 사는 사람이 약해졌습니다.
2 최근에는 혼자 사는 사람이 적어졌습니다.
3 최근에는 혼자 사는 사람이 강해졌습니다.
4 최근에는 혼자 사는 사람이 많아졌습니다.

2 몸조심하세요.

1 수고하셨습니다.
2 중요한 것이니까 잊지 말아 주세요.
3 만나서 기뻤습니다.
4 건강 관리에 신경 써 주세요.

3 먼저 뚜껑을 열고 뜨거운 물을 넣습니다.

1 뜨거운 물을 넣고 나서 뚜껑을 엽니다.
2 다음에 뚜껑을 열고 뜨거운 물을 넣습니다.
3 뚜껑을 열기 전에 뜨거운 물을 넣습니다.
4 가장 먼저 뚜껑을 열고 뜨거운 물을 넣습니다.

4 분명 합격할 거예요.

1 열심히 공부했으니까 합격할 거라고 생각합니다.
2 당신은 언제나 성적이 나쁘니까 합격하지 못할거라고 생각합니다.
3 합격할지도 모르겠지만, 모르겠습니다.
4 이미 합격했습니다.

5 어디에서 지갑을 떨어뜨렸는지 모르겠습니다.

1 지갑을 누가 줬는지 모르겠습니다.
2 지갑을 찾은 곳을 모르겠습니다.
3 지갑을 분실한 곳을 모르겠습니다.
4 지갑이 떨어졌는지 어떤지 모르겠습니다.

もんだい 5 용법

문제유형 용법 (5문항)

제시된 어휘가 가지는 의미가 올바르게 쓰였는지를 묻는 문제이다.

もんだい5 つぎの　ことばの　つかいかたで　いちばん　いい　ものを
1・2・3・4から　ひとつ　えらんで　ください。

30 おおい

1 おおい　人が　駅に　います。
2 日本は　じしんが　おおいです。
3 ここは　外国人が　おおい　います。
4 時間が　おおいですから、ゆっくり　行きましょう。

30	① ● ③ ④

포인트

〈もんだい5〉에서도 주어진 어휘가 히라가나인 경우가 많다. 한자 표기가 있으면 대충 짐작할 수 있는 단어도 히라가나로 되어 있으면 더 어렵게 느껴질 수 있다. 우선 어휘의 의미를 알아야 하고 해당 어휘가 문장에서 어떻게 쓰이는지를 알아야 풀 수 있는 문제이다.

학습요령

〈もんだい5〉도 어휘 문제로 문법적으로 적절한지가 아니라 의미적으로 적절한지를 판단해야 한다. 〈もんだい5〉는 단어의 의미를 알고 있는 것뿐만 아니라 단어가 문장에서 어떻게 사용되는지를 모르면 답을 찾을 수가 없다. 따라서 단어의 의미만을 암기해서는 안 되며 문장을 통째로 외우는 것이 좋은 공부법이다. 외우기 간단한 문장을 찾아서 그 문장 전체를 외우자.

 정답 및 해석 p.207

もんだい5　つぎの　ことばの　つかいかたで　いちばん　いい　ものを　1・2・3・4から　ひとつ　えらんで　ください。

1 つたえる ⑩⑪⑮

1 東京駅(とうきょうえき)に 行かれる 方は ここで でんしゃを おつたえください。

2 もう 一年も おわりですね。よい お年を おつたえください。

3 私は 元気だと 佐藤さんに おつたえください。

4 あなたには もう 用は ありません。おつたえください。

2 おれい ⑪⑭

1 たんじょうびの おれいで プレゼントを もらいました。

2 道を 教えて くれたので ていねいに おれいを 言いました。

3 先生の おれいで しけんに ごうかくしました。

4 友だちが にゅういんしたので おれいに 行きました。

3 せわ

1 私は 家で 犬の せわを する かかりです。

2 どうしたら いいか 分からなくて 親に せわを しました。

3 あっちの 海は ふかいので 泳ぐ ときは せわを して ください。

4 昨日 友だちと せわを して しまいました。

4 いくら

1 いくら はやくても にもつが とどくまで 2日は かかるそうです。

2 そちらの サイズが 小さいなら こちらの サイズは いくらですか。

3 いくら そんな ことを 言うんですか。ひどいです。

4 いくら 人が タイプですか。私は どうですか。

5 ふとる ⑩⑫

1 昨日の 試合は ざんねんながら ふとって しまいました。

2 暑いので ちょっと プールで ふとって 来ようと 思います。

3 最近 食べ物が 何でも おいしくて、食べすぎて ふとって しまいました。

4 私の 趣味は ダンスを ふとる ことです。

정답 및 해석 p.207

もんだい5 つぎの ことばの つかいかたで いちばん いい ものを 1・2・3・4から ひとつ えらんで ください。

1 あやまる ⑩⑪

1 けがは もう あやまったので 大丈夫です。
2 今日は 友だちの 家に あやまる よていです。
3 こわれて いた テレビが きゅうに あやまりました。
4 わるいことを した 人が 先に あやまるのは 当たり前です。

2 ねつ ⑬⑮

1 昨日から ちょっと ねつが いたくて つらいんです。
2 ねつが あるので 今日は ちょっと 休みます。
3 ねつの ために 毎朝 ジョギングして います。
4 山田さん、ねつを 切ったんですか。にあって いますよ。

3 るす

1 何だか へんな るすが するので まどを あけました。
2 山田さんが 話した ことは ぜんぶ るすなので しんじないで ください。
3 音も 聞こえないし へやも くらいので るすのようです。
4 私の しょうらいの るすは 先生に なる ことです。

4 せんたく

1 しばらく 服を せんたくして いなかったので 着る 服が ありません。
2 けがを して 病院に せんたくして しまいました。
3 この 国では 他の 国に 車を せんたくして います。
4 いらっしゃいませ。こちらの ホテルの せんたくは はじめてですか。

5 おどろく ⑬

1 明日の しあい、おどろいて くださいね。
2 好きな アイドルが けっこんする という ニュースを 聞いて おどろきました。
3 彼が 約束の 時間に なかなか おどろきません。
4 天気が おどろくまで ちょっと ここで 待ちませんか。

もんだい 5 ▶ 용법 확인문제 3

정답 및 해석 p.207

もんだい5　つぎの　ことばの　つかいかたで　いちばん　いい　ものを　1・2・3・4から　ひとつ　えらんで　ください。

1 ちゅうし

1 コーヒーを 2つですね。はい、ちゅうしいたしました。

2 みなさん はじめまして。では これから ひとりずつ ちゅうしを おねがいします。

3 この 近くに どこか 車を ちゅうし できる ところは ありませんか。

4 たいふうが 来て いるので テニスの 大会は ちゅうしです。

2 しっかり

1 ご飯を しっかり 食べないと けんこうに わるいですよ。

2 スーパーで 買わなければ いけなかった ことを しっかり わすれて しまいました。

3 すみません。 しっかり コーラじゃ なくて コーヒーに します。

4 あの 映画を 見ましたが しっかり おもしろく なかったですよ。

3 おおい

1 この かばん ちょっと おおいですね。

2 私は この アニメが とても おおいので 好きです。

3 最近 かぜを ひいて いる 人が おおいです。

4 今日は ちょっと おおいので あつい 服を 着て 来ました。

4 ぜひ ⑪⑬

1 その きじ ぜひ 私に 書かせて ください。

2 田中さんは ぜひ 今日は 来ないと 思います。

3 その ゲーム ぜひ むずかしいんですか。私も やって みます。

4 私は 毎朝 ぜひ ジョギングを して います。

5 かざる ⑪

1 じゅうような しごとの メールを かざりました。

2 友だちが 家に 来ますが へやが 少し きたなかったので いそいで かざりました。

3 昨日 買って きた 絵を かべに かざりました。

4 ごみが 多く なって きたので かざりました。

 정답 및 해석 p.207

もんだい5 **つぎの　ことばの　つかいかたで　いちばん　いい　ものを　1・2・3・4から　ひとつ　えらんで　ください。**

1 しんせつ ⑭

1 彼は さいごに おみやげまで くれて 本当に しんせつでした。
2 ホテルの へやからの けしきが とても しんせつでした。
3 この 町では 昔から サッカーが しんせつです。
4 彼女が 書く 字は いつも とても しんせつです。

2 かたづける ⑩

1 今日は デートが あるので かみを かたづけました。
2 彼女が 家に 来(く)るので へやを かたづけました。
3 毎日 会社まで 自転車で かたづけて います。
4 ねこが 家の 前で かたづけて います。

3 つよい

1 どの パソコンが いちばん つよいですか。
2 彼は お酒が とても つよいです。
3 この 道は つよいので あぶないです。
4 私の 家は へやが ひとつなので とても つよいです。

4 うんどう

1 今日 ちょっと たいちょうが 悪いので うんどうしても いいですか。
2 音楽が 好きなので ときどき うんどうを 見に いきます。
3 とても おなかが 空(す)いたので うんどうを しました。
4 けんこうの ために 少しずつ うんどうを しよう と思います。

5 ならう

1 私は しょうらい いしゃに ならう ことです。
2 家事の 中で さらを ならうのが いちばん きらいなんです。
3 人気の ケーキの 店の 前には たくさんの 人が ならって いました。
4 私は 小さい ころ ピアノを ならって いました。

 정답 및 해석 p.207

もんだい5 つぎの ことばの つかいかたで いちばん いい ものを 1・2・3・4から ひとつ えらんで ください。

1 あんない ⑩⑫

1 さいきん 太って きたので あんないを しています。

2 今度 東京(とうきょう)に 来(き)たら 私が あんないしますよ。

3 近くで まつりを して いたので ちょっとだけ あんないして 来(き)ました。

4 来週 アメリカに しゅっちょうに 行く あんないです。

2 うまい

1 私の 彼女は 歌が とても うまいです。

2 彼女に ふられて とても うまいです。

3 この 映画 とても うまいですよ。

4 そこは うまいですから こっちで あそびましょう。

3 すっかり ⑱

1 すっかりして ください。大丈夫ですか。きゅうきゅうしゃを よびましょうか。

2 私は この 目で UFOを すっかり 見たんです。

3 すっかり キャンプに 行くのを やめます。

4 すっかり くらくなって しまいましたね。そろそろ 帰りましょうか。

4 かう

1 ラジオで 野球の ばんぐみを かいます。

2 すみませんが ここに サインを かって ください。

3 コンビニで ラーメンを かって かえりました。

4 ペンを 持って いなかったので ともだちに かいました。

5 うける

1 長い間 会って いない 友だちから 手紙を うけました。

2 昨日 うけた 大学しけんは 自信が ありません。

3 おちて いた お金を うけて こうばんに 持って 行きました。

4 ついに 運転(うんてん)めんきょを うけました。

정답 및 해석 p.207

もんだい5　つぎの　ことばの　つかいかたで　いちばん　いい　ものを　1・2・3・4から　ひとつ　えらんで　ください。

1 おとなしい

1 あそこに いる かみが おとなしい 人は だれですか。

2 兄は 体が とても おとなしいです。

3 最近の 生活は とても おとなしいです。

4 ちかてつの 中の 赤ちゃんは なかなくて おとなしかったです。

2 おめでとうございます

1 「たくさん 食べて くださいね。」「おめでとうございます。」

2 「じつは 明日 たんじょうびなんです。」「おめでとうございます。」

3 「今日は つかれたでしょう。ゆっくり ねて ください。」「おめでとうございます。」

4 「ごかぞくは お元気ですか。」「おめでとうございます。」

3 こわれる ⑮

1 せっかく 作った ロボットが こわれて かなしかったです。

2 せっかく 作った ロボットが こわれて うれしかったです。

3 せっかく 作った ロボットが こわれて おいしかったです。

4 せっかく 作った ロボットが こわれて さむかったです。

4 ふくざつ

1 日本語は 思ったより とても ふくざつな ことばです。

2 台風が 近づいて 来(き)て ふくざつな かぜが ふいて います。

3 いい 映画で とても ふくざつでした。

4 彼は 毎日 ふくざつに はたらいて います。

5 かりる

1 ずっと ほしかった パソコンを ついに かりました。

2 雨が ふって いたので 友だちが かさを かりて くれました。

3 食べ終わった さらは こちらまで かりて ください。

4 昨日 したかった ゲームを 友だちに かりました。

もんだい5　つぎの　ことばの　つかいかたで　いちばん　いい　ものを　1・2・3・4から　ひとつ　えらんで　ください。

1 ていねいだ

1 家の 近くに えきが ないので とても ていねいです。

2 彼女は いつも ていねいに 話します。

3 明日 友だちが 帰って しまうので ていねいです。

4 彼は いつも 勉強に ていねいです。

2 わたす ⑫

1 あの しょるいなら さっき 田中さんに わたしました。

2 この 時計 たんじょうびに 彼女に わたしたんです。

3 友だちの けっこんの おいわいに おさらを わたしました。

4 昨日 父が ゲームを 買って わたしました。

3 こしょう

1 いっしょうけんめい こしょうして やせる つもりです。

2 めんきょが あるので 車を こしょうする ことが できます。

3 今朝 バスに 間に合わなくて こしょうして しまいました。

4 今 シャワーが こしょうして いるので 使えません。

4 こい

1 ねむい ときは こい コーヒーを 飲みます。

2 こい 本ですね。何ページ あるんですか。

3 こいですから、電気を つけましょう。

4 あの 川は こいから、あぶないです。

5 しかる ⑪⑭

1 テストで いい 点を とって 先生が しかって くれました。

2 最近は きちんと 子どもを しかる 親が へりました。

3 この 犬は もう 9年も しかって います。

4 そろそろ ひこうきに 乗るので パスポートを しかって ください。

정답 및 해석 p.207

もんだい5　つぎの　ことばの　つかいかたで　いちばん　いい　ものを　1・2・3・4から　ひとつ　えらんで　ください。

1 したく

1 こちら、500円の したくです。ごかくにんください。

2 ３年前から 家族と アメリカで したくを 始めました。

3 まだ したくが できて いないので ちょっと 待って ください。

4 私は いつも かばんに したくを 入れて います。

2 かなしい

1 私の 親は むかしから とても かなしかったです。

2 この 川は かなしいので 歩く ことが できます。

3 かなしい 映画は ないて しまうので あまり 好きじゃ ありません。

4 私は かなしくて たくさんの 人の 前で はなせません。

3 さわぐ ⑫

1 その 絵には 手で さわがないで ください。

2 きょうしつで さわいで 先生に おこられました。

3 さわいだ 服は きちんと かたづけて ください。

4 プールで さわぐと 気分が よく なります。

4 あまり

1 明日の キャンプには あまり 行きたく ありません。

2 母は 料理が 上手で あまり おいしいんです。

3 私は 時間が ある とき あまり 映画を 見に 行きます。

4 明日は あまり けっせきを しないで くださいね。

5 すてる

1 ご飯の したくが できたので テーブルの 上を すてましょう。

2 この ごみを すてて 来(き)て くれませんか。

3 さらを すてて わって しまいました。

4 今日は 母が いないので かわりに せんたくものを すてて おきました。

정답 및 해석 p.208

もんだい5 つぎの ことばの つかいかたで いちばん いい ものを 1・2・3・4から ひとつ えらんで ください。

1 じゅんび

1 旅行の とき とまる ホテルは もう じゅんびしましたか。
2 明日の 旅行の じゅんびを して いる ところです。
3 雨の せいで おまつりは じゅんびに なって しまいました。
4 今度の 会議に じゅんびする ことに なって しまいました。

2 ほうそう

1 ひこうきの 案内ほうそうが よく きこえません。
2 日本は ほうそうが とても きびしい 国の ひとつです。
3 私は 毎日 ほうそうが ただしい 生活を して います。
4 この 会社の ほうそうが あって たばこを すっては いけない ことに なって います。

3 そだてる ⑫⑬

1 少し そだてましたね。ダイエットを したんですか。
2 つかれたので ベンチで 少し そだててから 行きます。
3 友だちが そだてて 入院して しまいました。
4 赤ちゃんを そだてるのは 本当に たいへんですね。

4 きびしい

1 スカートが ちょっと きびしいんですが ちがう ものを 見せて ください。
2 今日は とても きびしくて 気持ちが いいですね。
3 学校の 英語の 先生は とても きびしいです。
4 バスに きびしい 子どもが おおぜい 乗って います。

5 たのしみだ

1 彼は 明るくて たのしみな 人です 。
2 とても たのしみな パーティーでした。ぜひ また 来(き)たいです。
3 らいねんの りゅうがく生活が とても たのしみです。
4 クリスマスに 彼が プレゼントを くれて とても たのしみでした。

정답 및 해석 p.208

もんだい5　つぎの　ことばの　つかいかたで　いちばん　いい　ものを　1・2・3・4から　ひとつ　えらんで　ください。

1 はいけんする

1 お客様が はいけんしたので あんないを します。

2 しゃちょう ちゅうしょくは もう はいけんしましたか。

3 先生が 書いた 本を 昔 はいけんしました。

4 昨日 A社の 社長を はいけんしました。

2 そうだん

1 けっこんの ことは りょうしんに そうだんしよう と思います。

2 ロシアは アメリカに そうだんして 国の めんせきが 大きいです。

3 上手に なるために いっしょうけんめい そうだんして います。

4 この 工場では ワインが そうだんされて います。

3 なる ⑩

1 かなしい 映画を 見て なって しまいました。

2 新しい 家に 少しずつ なって きました。

3 私は 母に 顔が なって います。

4 となりの へやの 人の アラームが なって うるさいです。

4 ていねい

1 あの てんいんは いつも ていねいに あいさつを して くれます。

2 家の 近くに コンビニが ないので とても ていねいです。

3 好きだった アイドルが けっこんして 少し ていねいです。

4 彼は 勉強を いつも ていねいに して います。

5 にがい

1 私は にがい 映画が にがてです。

2 田中さんは テニスが とても にがいです。

3 くすりが とても にがくて 飲めません。

4 私は にがくて ゲームを すると いつも まけて しまいます。

もんだい5 つぎの ことばの つかいかたで いちばん いい ものを 1・2・3・4から ひとつ えらんで ください。

1 よやく ⑪⑬

1 来週から 旅行(りょこう)に 行く よやくです。

2 うわあ、おいしそうな よやくですね。

3 すみませんが、今日は どの へやも よやくで いっぱいです。

4 じゅぎょうの 前に 家で 少し 今日の ぶぶんを よやくして 行きます。

2 はずかしい

1 好きな 人に 顔を 見られて はずかしかったです。

2 私は はずかしい コーヒーが 好きです。

3 昨日から ずっと 寝て いないので はずかしいです。

4 山からの けしきが とても はずかしかったです。

3 げんきな

1 しんじゅくえきは 人も 多いし でんしゃも 多いし げんきな えきです。

2 山田さんは いつも 笑って いて げんきな 人です。

3 家の 前に とても げんきな さかが あります。

4 あんな げんきな ばしょに 子どもを つれて 行く ことは できません。

4 にる

1 ペットは かって いる 人に 顔が だんだん にるそうです。

2 昨日 外を 歩いて いたら 川村さんに にました。

3 写真を この 大きさに にて ください。

4 今週末は ひまだったので ずっと テレビを にて いました。

5 なるべく

1 私は なるべく イタリアへ 行った ことが あります。

2 彼は なるべく としょかんに いると 思います。

3 すみません、なるべく Aセットじゃ なくて Bセットに します。

4 運動の ために なるべく エレベーターは つかいません。

정답 및 해석 p.208

もんだい5　つぎの　ことばの　つかいかたで　いちばん　いい　ものを　1・2・3・4から　ひとつ　えらんで　ください。

1 ねっしんな

1 彼女は せかいで いちばん 私の ねっしんな 人です。
2 お客さまの 前で ねっしんな ことを しないように 注意して ください。
3 この クラスには ねっしんな 学生が たくさん います。
4 ねっしんな ことが あったら 何でも おっしゃって ください。

2 ようい

1 私は 旅行の よういを 立てる ことが 好きです。
2 彼は よういも 多いし 頭も いいです。
3 食事の よういが できたので 集まって ください。
4 初めて 日本に 来た 人に 東京を よういして あげました。

3 ぬれる ⑭

1 今日は 天気も ぬれて いるので 山に のぼりませんか。
2 昨日から ずっと ゆきが ぬれて います。
3 雨が ふって 新しい くつが ぬれて しまいました。
4 風が 強く ぬれて いるので 寒いです。

4 ただしい

1 今日は ちょっと ただしい 天気ですよね。
2 この 中から ただしい 答えを えらんで ください。
3 先生に ほめられて とても ただしかったです。
4 私は その 時 ただしくて 何も 言えませんでした。

5 すると

1 彼は 彼女に ふられたんです。すると 元気が ないんですよ。
2 目の しゅじゅつを しました。すると よく 見えるように なったんです。
3 この 店は 安いし おいしいですね。すると お客さんが 多いんですね。
4 この スマホは とても 軽いです。すると カメラも いいんです。

정답 및 해석 p.208

もんだい5　つぎの　ことばの　つかいかたで　いちばん　いい　ものを　1・2・3・4から　ひとつ　えらんで　ください。

1 だめな

1 この 中で だめな 日は いつですか。
2 しぶやは 人も 店も 多くて とても だめな ところです。
3 となりの へやから だめな 人の こえを 聞きました。
4 彼は 急に 歌ったり おどったり する だめな 人です。

2 ひろう ⑬⑭

1 私は 家の 中の いらないものは すぐ ひろう タイプです。
2 さいふを ひろって くれて どうも ありがとうございます。
3 テストで 満点(まんてん)を ひろって とても うれしいです。
4 小さい ころ よく 虫を ひろって あそびました。

3 さびしい

1 彼女に ふられて しまって 今 とても さびしいです。
2 まどが あいて いたので さびしかったです。
3 ここの 料理 安いし すごく さびしいですね。
4 あの 先生は さびしい ことで 有名です。

4 おかげさまで

1 「どうぞ、お入り ください。」「はい、おかげさまで。」
2 「木村さん、お元気で。れんらく しますね。」「はい、おかげさまで。」
3 「これから 同じような ことは しないで くださいね。」「はい、おかげさまで。」
4 「大学は ごうかくしましたか。」「はい、おかげさまで。」

5 しゅっせき

1 父は 会社を けいえいして いましたが しゅっせきして しまったんです。
2 昨日の かいぎには 30人くらい しゅっせきしました。
3 そろそろ 来週の ヨーロッパ旅行の しゅっせきを しなければ なりません。
4 今度 けっこんする 友だちが 相手を しゅっせきして くれました。

 정답 및 해석 p.208

もんだい5 つぎの ことばの つかいかたで いちばん いい ものを 1・2・3・4から ひとつ えらんで ください。

1 おもいで ⑭

1 かぎを しめたか きちんと おもいでを した 方が いいですよ。
2 彼と りょこうに 行った ことが いちばんの おもいでです。
3 私は その 会社に 行く ことに おもいでを しました。
4 私は 彼女の おもいでが りかい できません。

2 すずしい ⑫

1 この へやは まどを あけると 風が 入って きて すずしいです。
2 しあいに まけて しまって とても すずしいです。
3 その 山には とても すずしい 花が たくさん さいて いました。
4 寒いので すずしい スープが 飲みたいですね。

3 ゆっくり

1 しなければ いけない ことを ゆっくり わすれて しまいました。
2 どうぞ ゆっくりして 行って ください。
3 サイズが とても ゆっくりなので この 服を 買います。
4 私は 彼が ほかの 女の 人と 歩いて いるのを ゆっくり 見ました。

4 おおぜい ⑭

1 コンサートの かいじょうには おおぜいの 人が 集まって いました。
2 私には きらいな 食べ物が おおぜい あります。
3 この ふく ちょっと おおぜいなんですが 小さい サイズは ありますか。
4 ニュースに よると 今日は おおぜい 寒いそうです。

5 ひらく

1 走って いた どろぼうを 私が ひらきました。
2 電車の ドアが ひらいて たくさんの 人が おりて きました。
3 お金が おちて いたので ひらきました。
4 すみません、今 ちょっと エアコンが ひらいて いるんです。

확인문제 ⑮

정답 및 해석 p.208

もんだい5　つぎの　ことばの　つかいかたで　いちばん　いい　ものを　1・2・3・4から　ひとつ　えらんで　ください。

1 にあう ⑩⑬

1 へやが ちょっと にあうので まどを 開けました。

2 私と 弟は かおが とても にあって います。

3 では、明日(あした)の 9時に 東京駅(とうきょうえき)で にあいましょう。

4 その スカート とても にあって いますね。どこで 買ったんですか。

2 まず

1 まず 夏ですね。夏に なったら 海に 行きませんか。

2 まず 道で 田中(たなか)さんに 会いました。

3 まず スイッチを おします。そして ふたを あけます。

4 明日(あした)は まず 雨でしょう。

3 むり

1 うちに ある ものを また 買うのは むりです。

2 むりを して びょうきに なりました。

3 わたしは ぶたにくが むりを します。

4 むりですから、しんぱいしないで ください。

4 しめる

1 冷蔵庫の ドアが あいて いるので しめて ください。

2 私は この 歌手の 歌を たくさん しめて います。

3 すみません、この 料理 ちょっと しめてるんですが。

4 かじで 家が しめて しまいました。

5 けしき ⑫

1 その へやには おもしろい けしきが たくさん ありました。

2 この けしき 食べて みて ください。おいしいですよ。

3 ホテルの まどから 見えた けしきが とても すばらしかったです。

4 もうすぐ 台風が 来るので けしきが つよいです。

 정답 및 해석 p.208

もんだい5　つぎの　ことばの　つかいかたで　いちばん　いい　ものを　1・2・3・4から　ひとつ　えらんで　ください。

1 きれいだ

1 こんな きれいな 家に 私も 住みたいですね。
2 田中君は 毎日 勉強や 読書を する きれいな 学生です。
3 私が いちばん きれいな 食べ物は たまごです。
4 せんぱいが 会社を やめると 聞いて とても きれいです。

2 なかなか

1 友だちが すすめて くれた ドラマは なかなか おもしろく ありませんでした。
2 彼が 作った 料理は なかなか おいしく ありません。
3 彼女が なかなか 来ないので 電話を かけました。
4 この 山は ふじさんに くらべて なかなか 高く ないです。

3 いか

1 この 店の メニューは ぜんぶ 1000円 いかです。
2 かんけいが ある ひと いかは 入っては いけません。
3 わたしは いかに 一度 アメリカに 行った ことが あります。
4 家の にわは 母が 好きな はなが いかです。

4 とおる

1 私は 毎日 とおって 会社に 行って います。
2 友だちと ボールを とおって あそびました。
3 もうすぐ 雨が とおりそうです。
4 そこに 行く ためには トンネルを とおらなければ なりません。

5 けっか ⑮

1 友だち 2人が けっかを して いるので とめました。
2 昨日の テストの けっかが よく ありませんでした。
3 ぐあいが わるいので 今日の パーティーは けっかを する つもりです。
4 いっしょうけんめい けっかを すれば きっと 上手に なりますよ。

 정답 및 해석 p.209

もんだい5 つぎの ことばの つかいかたで いちばん いい ものを 1・2・3・4から ひとつ えらんで ください。

1 ちこく ⑪

1 私は 毎朝 新聞を ちこくする アルバイトを して います。

2 だれか この いけんに ちこくする 人は いませんか。

3 乗る バスを まちがえて 会社に ちこくして しまいました。

4 たくさん ちこくして いつか ヨーロッパに 住む つもりです。

2 げんいん

1 小さい ことが げんいんで わかれる ことに なりました。

2 アルバイトを しながら いろいろな げんいんを する ことが できます。

3 今日 ちょっと げんいんが あって…。のみかいには 行けなさそうです。

4 最近 あまり げんいんが よく ないので 明日 びょういんに 行って 来(き)ます。

3 いそぐ

1 ねぼうして しまったので いそいで じゅんびを して います。

2 雨が ふって 体が いそいで しまいました。

3 彼が ぶじに 帰って 来(く)るように いそぎました。

4 時間が いそいだら もう一度 チェックしましょう。

4 あんぜん

1 好きな 人が けっこんを する ことに なって あんぜんです。

2 ひこうきは じつは とても あんぜんなんですよ。

3 しけんで ごうかく できないかも しれないと あんぜんしました。

4 さがして いた さいふが あって あんぜんしました。

5 どんどん

1 私は どんどん フランスへ 行った ことが あります。

2 楽しみに して いた レストランでしたが どんどん おいしく ありませんでした。

3 きんちょうして 英語が どんどん 話せませんでした。

4 分からない ことは どんどん しつもんして ください。

 정답 및 해석 p.209

もんだい5 **つぎの　ことばの　つかいかたで　いちばん　いい　ものを　1・2・3・4から　ひとつ　えらんで　ください。**

1 わかい

1 すごい わかい 服を みつけたので 買いました。

2 何だか すごく わかい においが しませんか。

3 先生は 思ったよりも わかかったです。

4 ここの プールは わかいので 子(こ)どもを つれて 来るのに いいんです。

2 とうとう

1 楽しかった 旅行も とうとう 明日で 終わりですね。

2 毎日 れんしゅうを して とうとう 上手に なって きました。

3 うわあ、おいしそうな 料理が とうとう ありますね。

4 しょうらいの なやみが とうとう 大きく なって きて います。

3 まじめだ

1 私が まじめに して いた アクセサリーが なくなって しまいました。

2 彼女は 先生が 教室に 入って 来ると 急に まじめに なります。

3 サッカーを するためには あと ２人 まじめです。

4 この ケーキは まじめで おいしいです。

4 むかえる

1 この 町は ビルも 大きく とても むかえて います。

2 すみませんが こちらで タバコは むかえて ください。

3 くうこうに 着いた むすこを 車で むかえに 行きました。

4 空に 月が きれいに むかえて います。

5 つごう

1 ちょっと つごうが わるくて その 日は さんか できません。

2 ちょっと つごうが わるくて びょういんに 行って 来(き)ます。

3 ちょっと つごうが わるくて もっと ちがう アイデアを 考えました。

4 ちょっと つごうが わるくて しかって しまいました。

 정답 및 해석 p.209

もんだい5　つぎの　ことばの　つかいかたで　いちばん　いい　ものを　1・2・3・4から　ひとつ　えらんで　ください。

1 やさしい

1 この 店の ケーキは とても <u>やさしくて</u> おいしいです。

2 すみません、今 ちょっと <u>やさしい</u> お金が ないんです。

3 彼が プレゼントを くれたので とても <u>やさしく</u> なりました。

4 いつもの しけんより <u>やさしい</u> もんだいが 多かったです。

2 よろこぶ

1 森さんに プレゼントを あげたら とても <u>よろこんで</u> いましたよ。

2 明日の しあい <u>よろこんで</u> くださいね。

3 昨日 かいだんで <u>よろこんで</u> けがを して しまいました。

4 いい ドラマで とても <u>よろこびました</u>。

3 にぎやかだ

1 子どもの 帰りが おそいので ちょっと <u>にぎやかです</u>。

2 もっと <u>にぎやかに</u> 字を 書いて ください。

3 大阪は とても <u>にぎやかな</u> 町です。

4 昨日 彼は 社長に <u>にぎやかな</u> ことを 言って しまいました。

4 いけん

1 彼の かおを 見ると 私の <u>いけん</u>が よく なります。

2 私も その <u>いけん</u>に さんせいです。

3 学校の <u>いけん</u>を 早く 出さなければ なりません。

4 この しごとは とても <u>いけん</u>が あって 好きです。

5 わる ⑪

1 この こうえんの 木の えだは <u>わっては</u> いけません。

2 どろぼうは まどを <u>わって</u> へやに 入った ようです。

3 友だちの パソコンを <u>わって</u> しまいました。

4 ふうとうを <u>わって</u> あけると 中に 手紙が 入って いました。

정답 및 해석 p.209

もんだい5 つぎの　ことばの　つかいかたで　いちばん　いい　ものを　1・2・3・4から　ひとつ　えらんで　ください。

1 わかす ⑭

1 かみを わかさないと かぜを ひきますよ。
2 ああ、しまった。ご飯を わかすのを わすれて いました。
3 お茶 飲みますか。おゆを わかしますね。
4 5年 つきあった かのじょと わかして しまいました。

2 いたす

1 すみません、すぐに コピー いたします。
2 私は 両親と 兄と 弟が いたします。
3 今 何を いたして いるんですか。
4 今日 初めて 社長に いたします。

3 つめたい ⑫

1 すみません。ちょっと つめたいんですが。しずかに して ください。
2 夏には つめたい アイスクリームを 食べるのが いちばんです。
3 私は つめたい 映画は ちょっと…。他のに しませんか。
4 彼は 最近 仕事が とても つめたいそうです。

4 たいてい

1 きのう たいてい さしみを 食べました。
2 とても おもしろい 本なので たいてい 読んで ください。
3 大丈夫ですよ。たいてい しけんに ごうかくするはずです。
4 週末は たいてい 友だちに 会ったり 家で ゲームを したり して います。

5 かしこまりました

1 「先生、ちょっと 質問を しても いいですか。」「かしこまりました。」
2 「カレーライスと サラダで おねがいします。」「かしこまりました。」
3 「どうぞ、お入りください。」「かしこまりました。」
4 「山田と もうします。よろしくおねがいします。」「かしこまりました。」

もんだい 5 용법 **확인문제** 정답 및 해석

확인문제 1

1 ③ 저는 건강하다고 사토 씨에게 전해 주세요.
2 ② 길을 가르쳐 줘서 정중히 감사 인사를 드렸습니다.
3 ① 저는 집에서 개를 돌보는 담당입니다.
4 ① 아무리 빨라도 짐이 도착할 때까지 이틀은 걸린다고 합니다.
5 ③ 최근 음식이 뭐든 맛있어서 너무 많이 먹어 살이 찌고 말았습니다.

확인문제 2

1 ④ 나쁜 짓을 한 사람이 먼저 사과하는 것은 당연합니다.
2 ② 열이 있어서 오늘은 좀 쉬겠습니다.
3 ③ 소리도 들리지 않고 방도 어두우니 부재중인 것 같습니다.
4 ① 한동안 옷을 세탁하지 않았기 때문에 입을 옷이 없습니다.
5 ② 좋아하는 아이돌이 결혼한다는 뉴스를 듣고 놀랐습니다.

확인문제 3

1 ④ 태풍이 오고 있으므로 테니스 대회는 중지입니다.
2 ① 밥을 제대로 먹지 않으면 건강에 나쁩니다.
3 ③ 요즘 감기에 걸린 사람이 많습니다.
4 ① 그 기사 부디 제가 쓰게 해 주세요.
5 ③ 어제 사 온 그림을 벽에 장식했습니다.

확인문제 4

1 ① 그는 마지막으로 기념품까지 주고 너무 친절했습니다.
2 ② 여자 친구가 집에 오기 때문에 방을 정리했습니다.
3 ② 그는 술이 무척 셉니다.
4 ④ 건강을 위해서 조금씩 운동을 하려고 생각합니다.
5 ④ 저는 어렸을 때 피아노를 배웠습니다.

확인문제 5

1 ② 다음에 도쿄에 오면 제가 안내를 하겠습니다.
2 ① 제 여자 친구는 노래를 무척 잘합니다.
3 ④ 완전히 어두워져 버렸네요. 슬슬 돌아갈까요?
4 ③ 편의점에서 라면을 사서 돌아갔습니다.
5 ② 어제 치른 대학 시험은 자신이 없습니다.

확인문제 6

1 ④ 지하철 안의 아기는 울지 않고 얌전했습니다.
2 ② 「실은 내일 생일입니다.」「축하합니다.」
3 ① 모처럼 만든 로봇이 부서져서 슬펐습니다.
4 ① 일본어는 생각보다 무척 복잡한 언어입니다.
5 ④ 어제 하고 싶었던 게임을 친구에게 빌렸습니다.

확인문제 7

1 ② 그녀는 언제나 정중하게 말합니다.
2 ① 그 서류라면 아까 다나카 씨에게 건넸습니다.
3 ④ 지금 샤워기가 고장 나서 사용할 수 없습니다.
4 ① 졸릴 때에는 진한 커피를 마십니다.
5 ② 요즘은 제대로 아이를 혼내는 부모가 줄었습니다.

확인문제 8

1 ③ 아직 채비가 되지 않았으니 잠깐 기다려 주세요.
2 ③ 슬픈 영화는 울어 버리기 때문에 그다지 좋아하지 않습니다.
3 ② 교실에서 떠들어서 선생님에게 혼났습니다.
4 ① 내일 캠프에는 별로 가고 싶지 않습니다.
5 ② 이 쓰레기를 버리고 와 주시겠어요?

확인문제 9

1 ② 내일 여행 준비를 하고 있는 중입니다.
2 ① 비행기의 안내 방송이 잘 들리지 않습니다.
3 ④ 아기를 키우는 것은 정말 힘드네요.
4 ③ 학교 영어 선생님은 매우 엄격합니다.
5 ③ 내년의 유학생활이 무척 기대됩니다.

확인문제 10

1 ③ 선생님이 쓴 책을 옛날에 봤습니다.
2 ① 결혼에 대해서 부모님께 상담하려고 생각합니다.
3 ④ 옆방 사람의 알람이 울려서 시끄럽습니다.
4 ① 그 점원은 언제나 정중하게 인사를 해 줍니다.
5 ③ 약이 너무 써서 먹을 수 없습니다.

확인문제 11

1 ③ 죄송하지만, 오늘은 어떤 방도 예약이 꽉 찼습니다.
2 ① 좋아하는 사람에게 얼굴을 보여 부끄러웠습니다.
3 ② 야마다 씨는 언제나 웃고 있고 활기찬 사람입니다.
4 ① 애완동물은 기르는 사람과 얼굴이 점점 닮는다고 합니다.
5 ④ 운동을 위해서 가급적 엘리베이터를 사용하지 않습니다.

확인문제 12

1 ③ 이 반에는 열정적인 학생들이 많이 있습니다.
2 ③ 식사 준비가 되었으니 모여 주세요.
3 ③ 비가 와서 새 신발이 젖어 버렸습니다.
4 ② 이 중에서 올바른 답을 고르세요.
5 ② 눈 수술을 했습니다. 그러자 잘 보이게 되었습니다.

확인문제 13

1 ① 이 중에서 안 되는 날은 언제입니까?
2 ② 지갑을 주워 주셔서 정말 감사합니다.
3 ① 그녀에게 차여서 지금 무척 외롭습니다.
4 ④ 「대학은 합격했습니까?」「네, 덕분에요.」
5 ② 어제 회의에는 30명 가량 출석했습니다.

확인문제 14

1 ② 남자 친구와 여행을 갔던 것이 최고의 추억입니다.
2 ① 이 방은 창문을 열면 바람이 들어와서 시원합니다.
3 ② 천천히 계시다 가세요.
4 ① 콘서트 회장에는 많은 사람들이 모여 있었습니다.
5 ② 전철의 문이 열리고 많은 사람들이 내리기 시작했습니다.

확인문제 15

1 ④ 그 치마 정말 잘 어울리네요. 어디서 사셨나요?
2 ③ 우선 스위치를 누릅니다. 그리고 뚜껑을 엽니다.
3 ② 무리를 해서 병이 났습니다.
4 ① 냉장고 문이 열려 있으니까 닫아 주세요.
5 ③ 호텔 창문으로 보인 경치가 무척 멋졌습니다.

확인문제 16

1 ① 이런 예쁜 집에서 저도 살고 싶습니다.
2 ③ 그녀가 좀처럼 오지 않아서 전화를 걸었습니다.
3 ① 이 가게의 메뉴는 전부 1000엔 이하입니다.
4 ④ 거기에 가기 위해서는 터널을 지나가야만 합니다.
5 ② 어제의 시험 결과가 좋지 않았습니다.

확인문제 ⑰

1 ③ 버스를 잘못 타서 회사에 지각하고 말았습니다.
2 ① 작은 것이 원인이 되어 헤어지게 되었습니다.
3 ① 늦잠을 자 버려서 서둘러 준비를 하고 있습니다.
4 ② 비행기는 사실 매우 안전해요.
5 ④ 모르는 것은 계속 질문해 주세요.

확인문제 ⑱

1 ③ 선생님은 생각했던 것보다 젊었습니다.
2 ① 즐거웠던 여행도 마침내 내일로 끝이네요.
3 ② 그녀는 선생님이 교실에 들어 오시면 갑자기 성실해집니다.
4 ③ 공항에 도착한 아들을 차로 마중하러 갔습니다.
5 ① 조금 사정이 안 좋아서 그날은 참가할 수 없습니다.

확인문제 ⑲

1 ④ 평소의 시험보다 쉬운 문제가 많았습니다.
2 ① 모리 씨에게 선물을 드렸더니 무척 기뻐했어요.
3 ③ 오사카는 무척 번화한 거리입니다.
4 ② 저도 그 의견에 찬성입니다.
5 ② 도둑은 창문을 깨고 방에 들어 온 것 같습니다.

확인문제 ⑳

1 ③ 차 마실래요? 물을 끓일게요.
2 ① 죄송합니다. 바로 복사하겠습니다.
3 ② 여름에는 차가운 아이스크림을 먹는 게 제일입니다.
4 ④ 주말은 대체로 친구와 만나거나 집에서 게임을 하거나 합니다.
5 ② 「카레라이스와 샐러드로 부탁합니다.」「잘 알겠습니다.」

JLPT

N4

실전모의테스트

1회

문자 · 어휘

もんだい１　＿＿＿の　ことばは　ひらがなで　どう　かきますか。
１・２・３・４から　いちばん　いい　ものを　ひとつ　えらんで　ください。

(例) 今夜は　月が　明るいです。

1　こうや　　2　こよい　　3　こんや　　4　こんばん

（かいとうようし）　|（例）| ①②●④ |

1　８じに　しゅっぱつするから　急いで　ください。

1　およいで　　2　いそいで　　3　かせいで　　4　はやいで

2　かぜを　ひいて　りょうりの　味が　よく　わかりません。

1　いろ　　2　いみ　　3　あじ　　4　まし

3　としょかんは　たいいくかんより　近いです。

1　ひろい　　2　ながい　　3　ちかい　　4　とおい

4　うんてんする　ときは　安全に　ちゅういします。

1　あんしん　　2　かんしん　　3　あんぜん　　4　かんぜん

5　くうこうから　ひこうきが　出発しました。

1　しはつ　　2　しゅっぱつ　　3　しゅつはつ　　4　しんぱつ

6 ごごから　かいぎを　<u>始め</u>ます。

1　すすめ　　2　はじめ　　3　とめ　　4　やめ

7 60さい　<u>以上</u>の　人は　むりょうで　入(はい)れます。

1　いか　　2　いがい　　3　いじょう　　4　いぜん

8 みせの　ひとが　<u>親切</u>じゃ　ありませんでした。

1　しんせつ　　2　じんせつ　　3　しんぜつ　　4　じんぜつ

9 <u>今夜</u>は　つきが　とても　きれいです。

1　こんばん　　2　こんにゃ　　3　こんよ　　4　こんや

もんだい2　＿＿＿の　ことばは　どう　かきますか。1・2・3・4から　いちばん　いい　ものを　ひとつ　えらんで　ください。

(例) こんど　あう　じかんと　ばしょを　<u>きめて</u>　ください。

1　快めて　　2　決めて　　3　沬めて　　4　訣めて

（かいとうようし）

(例)	① ● ③ ④

10　朝　はやく　出て　夜　おそく　<u>かえります</u>。

1　掃ります　　2　浸ります　　3　侵ります　　4　帰ります

11　この　ボタンを　<u>おすと</u>　きっぷが　でます。

1　折すと　　2　押すと　　3　払すと　　4　指すと

12　へやの　中が　<u>あかるく</u>　なりました。

1　赤るく　　2　開るく　　3　明るく　　4　朗るく

13　山から　見える　<u>けしき</u>が　きれいですね。

1　気色　　2　景色　　3　景致　　4　家式

14　ひこうきは　明日までに　<u>よやく</u>して　おきます。

1　予定　　2　予想　　3　予約　　4　予習

15　せんしゅうは　<u>いそがしくて</u>　休めませんでした。

1　忙しくて　　2　急しくて　　3　早しくて　　4　楽しくて

もんだい3　（　　）に　なにを　いれますか。1・2・3・4から　いちばん　いい　ものを　ひとつ　えらんで　ください。

(例) 毎年　8月から　9月に（　　　）が　たくさん　きます。

1　おまつり　　2　たいふう　　3　さくら　　4　ゆき

（かいとうようし）

（例）	①●③④

16　友だちから　てがみが　きたので（　　　）を　書きました。

1　こたえ　　2　へんじ　　3　しつもん　　4　あいさつ

17　エレベーターが（　　　）して　いるので、かいだんを　使わなければ　なりません。

1　しよう　　2　けんさ　　3　こしょう　　4　しっぱい

18　パソコンは　だれでも（　　　）つかえます。

1　しんせつに　　2　ていねいに　　3　かんたんに　　4　とくべつに

19　この　問題は（　　　）むずかしく　ありません。

1　それほど　　2　ほとんど　　3　やっと　　4　しばらく

20　4月に　なって　すっかり（　　　）なりました。

1　つよく　　2　おもく　　3　あたたかく　　4　はずかしく

21 りょうしんに　外国から　きた　友だちを（　　　）しました。

1　しょうかい　　2　せつめい　　3　ちゅうい　　4　けんきゅう

22 わからない　たんごは　じしょで（　　　）すぐに　わかります。

1　あつめれば　　2　しらべれば　　3　かんがえれば　　4　きめれば

23 たんじょうびの（　　　）に　時計(とけい)を　買(か)いました。

1　おれい　　2　おみまい　　3　おいわい　　4　おみやげ

24 こんどの　駅(えき)で　とっきゅうに（　　　）ます。

1　かたづけ　　2　のりかえ　　3　とりかえ　　4　くらべ

もんだい4　＿＿＿の　ぶんと　だいたい　おなじ　いみの　ぶんが　あります。
1・2・3・4から　いちばん　いい　ものを　ひとつ　えらんで
ください。

(例) くるまが　こしょうしたので　じてんしゃで　きました。

1 くるまが　こわれたので　じてんしゃで　きました。

2 くるまが　かわったので　じてんしゃで　きました。

3 くるまが　たおれたので　じてんしゃで　きました。

4 くるまが　こわいので　じてんしゃで　きました。

（かいとうようし）

（例）	● ② ③ ④

---

25 やくそくの　じかんに　まにあいませんでした。

1 やくそくの　じかんに　むかいました。

2 やくそくの　じかんに　つきました。

3 やくそくの　じかんに　おくれました。

4 やくそくの　じかんに　いそぎました。

26 かいしゃの　ちかくの　アパートに　うつりました。

1 かいしゃの　ちかくの　アパートに　はこびました。

2 かいしゃの　ちかくの　アパートに　ひっこしました。

3 かいしゃの　ちかくの　アパートに　かえりました。

4 かいしゃの　ちかくの　アパートに　かよいました。

27 ここは　小学生　以外(いがい)は　りよう　できません。

1　ここは　おとなが　りよう　できます。

2　ここは　あかちゃんも　りよう　できます。

3　ここは　小学生だけ　りよう　できます。

4　ここは　小学生と　中学生が　りよう　できます。

28 しけんは　どようびまで　つづきました。

1　しけんは　どようびから　はじまります。

2　しけんは　どようびに　おわりました。

3　しけんは　どようびは　しません。

4　しけんは　どようびまで　ありません。

29 にちようびなら　つごうが　いいです。

1　にちようびは　いえに　います。

2　にちようびは　いそがしいです。

3　にちようびは　やくそくが　あります。

4　にちようびは　だいじょうぶです。

もんだい5　つぎの　ことばの　つかいかたで　いちばん　いい　ものを

1・2・3・4から　ひとつ　えらんで　ください。

(例) おたく

1　こんど　おたくに　遊びに　きて　ください。

2　また、おたくを　する　ときは　おしえて　ください。

3　もしもし、田中さんの　おたくですか？

4　こどもには　おたくが　ひつようです。

（かいとうようし）

(例)	① ② ● ④

30　ぐあい

1　ぐあいが　わるくて　にゅういんしました。

2　ぐあいが　ない　ときは　連絡して　ください。

3　明日は　ぐあいが　あって　休みます。

4　ぐあいが　合えば　私も　行きます。

31　けんぶつ

1　えいがを　けんぶつしました。

2　おんがくを　けんぶつして　います。

3　しょうせつを　けんぶつしたいです。

4　おまつりを　けんぶつする　ことに　しました。

32 やわらかい

1 はるの 雨(あめ)が やわらかく 降って いる。

2 この パンは きのうの パンより やわらかいです。

3 ことしの しけんもんだいは とても やわらかいです。

4 そうじした あとは へやが やわらかいです。

33 さがす

1 ぎんこうで お金を さがしました。

2 じしょで わからない かんじを さがしました。

3 さいふが ないので カバンの 中を さがしました。

4 いえの きんじょで けしきを さがしました。

34 いっぱい

1 スポーツは すいえいが いっぱい すきです。

2 駐車場(ちゅうしゃじょう)には 車が いっぱいです。

3 こんどの しけんは いっぱい かんたんでした。

4 えいがを 見て いっぱい 悲しく なりました。

JLPT

N4

실전모의테스트

2회

문자 • 어휘

もんだい１　＿＿＿の　ことばは　ひらがなで　どう　かきますか。
１・２・３・４から　いちばん　いい　ものを　ひとつ　えらんで
ください。

(例) 今夜は　月が　明るいです。

1　こうや　　2　こよい　　3　こんや　　4　こんばん

（かいとうようし）　

1　あしたは　10じに　集まって　ください。

1　あやまって　　2　あつまって　　3　あいまって　　4　あらたまって

2　わたしは　姉が　二人、弟が　一人　います。

1　いもうと　　2　あね　　3　おとうと　　4　あに

3　この　小説は　だれが　ほんやくしましたか。

1　こせつ　　2　こうせつ　　3　しょせつ　　4　しょうせつ

4　としょかんは　こうつうが　不便な　ところに　あります。

1　ふべんな　　2　ふびんな　　3　ふびょうな　　4　ふしんな

5　電車に　乗る　人の　数を　数える　バイトを　した　ことが　あります。

1　おぼえる　　2　かかえる　　3　かぞえる　　4　こたえる

6 火事の　げんいんは　たばこだそうです。

1　かさい　　2　かじ　　3　ひもと　　4　ひごと

7 この　なかに　正しい　こたえは　ひとつしか　ありません。

1　やさしい　　2　すばらしい　　3　あたらしい　　4　ただしい

8 こどもは　くまの　人形が　だいすきです。

1　じんがた　　2　じんぎょう　　3　にんぎょ　　4　にんぎょう

9 なまえの　したに　住所を　かいて　ください。

1　じゅしょ　　2　じゅうしょ　　3　じゅしょう　　4　じゅうしょう

もんだい2　＿＿＿の　ことばは　どう　かきますか。1・2・3・4から
いちばん　いい　ものを　ひとつ　えらんで　ください。

(例)　こんど　あう　じかんと　ばしょを　<u>きめて</u>　ください。

1　快めて　　2　決めて　　3　決めて　　4　訣めて

（かいとうようし）

（例）	①●③④

10　あたらしい　てぶくろを　<u>だいじに</u>　つかって　います。

1　大時に　　2　代時に　　3　大事に　　4　代事に

11　いえと　コンビニの　<u>あいだ</u>に　ゆうびんきょくが　あります。

1　問　　2　門　　3　間　　4　関

12　この　本は　明日(あした)までに　図書館に　<u>かえさなければ</u>　ならない。

1　貸さなければ　　2　返さなければ

3　換えさなければ　　4　借さなければ

13　よるの　そらに　<u>うつくしい</u>　ほしが　みえます。

1　新しい　　2　美しい　　3　悲しい　　4　楽しい

14　けっこんしきに　ともだちを　<u>しょうたい</u>する　よていです。

1　紹介　　2　紹待　　3　招介　　4　招待

15　その　はなしは　<u>かちょう</u>から　ききました。

1　課長　　2　部長　　3　係長　　4　社長

もんだい3　（　　）に　なにを　いれますか。1・2・3・4から　いちばん　いい　ものを　ひとつ　えらんで　ください。

(例) 毎年　8月から　9月に（　　）が　たくさん　きます。

1　おまつり　　2　たいふう　　3　さくら　　4　ゆき

（かいとうようし）

（例）	①●③④

16　この　こうさてんは　くるまが　おおいので（　　）です。

1　てきとう　　2　だいじ　　3　きけん　　4　あんぜん

17　コンビニの（　　）に　人が　たくさん　ならんで　います。

1　メニュー　　2　レジ　　3　レシート　　4　サービス

18　ずっと　雨が　つづきましたが（　　）やみました。

1　こんど　　2　なかなか　　3　そろそろ　　4　やっと

19　赤ちゃんが（　　）いるから　しずかに　しましょう。

1　ねむって　　2　あそんで　　3　あまい　　4　にがい

20　さとうを　いれない（　　）コーヒーが　すきです。

1　にがい　　2　あまい　　3　おもい　　4　こまかい

21 かいしゃの　ひとが　こうじょうを（　　　）くれました。

1　せいさんして　2　じゅんびして　3　あんないして　4　せわして

22 1927年に　日本（　　　）の　ちかてつが　できました。

1　さいこう　2　さいご　3　さいきん　4　さいしょ

23 もりの　なかは　木が　おおくて（　　　）でも　くらいです。

1　まいにち　2　ひるま　3　きんじょ　4　なつ

24 こどもでも　わかる（　　　）もんだいを　だしました。

1　かんたんな　2　しんせつな　3　じゆうな　4　さかんな

もんだい４　＿＿＿の　ぶんと　だいたい　おなじ　いみの　ぶんが　あります。
１・２・３・４から　いちばん　いい　ものを　ひとつ　えらんで
ください。

(例)　くるまが　こしょう　したので　じてんしゃで　きました。

1　くるまが　こわれたので　じてんしゃで　きました。

2　くるまが　かわったので　じてんしゃで　きました。

3　くるまが　たおれたので　じてんしゃで　きました。

4　くるまが　こわいので　じてんしゃで　きました。

（かいとうようし）

(例)	● ② ③ ④

25　先生の　おかげで　びょうきが　なおりました。

1　先生が　いない　ときに　びょうきが　なおりました。

2　先生が　びょうきを　なおして　くれました。

3　先生が　びょうきに　なりました。

4　先生が　びょうきを　おしえて　あげました。

26　3時(じ)までに　空港(くうこう)に　いくのは　きびしいです。

1　3時(じ)までに　空港(くうこう)に　いくのは　かんたんです。

2　3時(じ)までに　空港(くうこう)に　いくのは　かなしいです。

3　3時(じ)までに　空港(くうこう)に　いくのは　すごいです。

4　3時(じ)までに　空港(くうこう)に　いくのは　むずかしいです。

27 明日(あした)　5時(じ)に　お宅(たく)に　うかがいます。

1　明日(あした)　5時(じ)に　お宅(たく)で　話(はな)します。

2　明日(あした)　5時(じ)に　お宅(たく)に　聞(き)きます。

3　明日(あした)　5時(じ)に　お宅(たく)に　行(い)きます。

4　明日(あした)　5時(じ)に　お宅(たく)を　見(み)ます。

28 今日(きょう)は　これで　しつれいします。

1　今日(きょう)は　もう　やめます。

2　今日(きょう)は　もう　かえります。

3　今日(きょう)は　これを　さしあげます。

4　今日(きょう)は　これを　あやまります。

29 ここは　のうぎょうが　さかんです。

1　ここは　のうぎょうを　する　人が　いません。

2　ここは　のうぎょうだけ　して　います。

3　ここは　のうぎょうを　する　人が　すくないです。

4　ここは　のうぎょうを　する　人が　おおいです。

もんだい5　つぎの　ことばの　つかいかたで　いちばん　いい　ものを　1・2・3・4から　ひとつ　えらんで　ください。

(例) おたく

1　こんど　おたくに　遊びに　きて　ください。

2　また、おたくを　する　ときは　おしえて　ください。

3　もしもし、田中さんの　おたくですか？

4　こどもには　おたくが　ひつようです。

（かいとうようし）

（例）	①②●④

30　ざんねん

1　むずかしい　しけんに　ごうかくできて　ざんねんです。

2　にもつが　少ないので　ひとりで　ざんねんです。

3　いそがしくて　たんじょうびに　行けなくて　ざんねんです。

4　とおい　ところから　ここまで　きて　くれて　ざんねんです。

31　せき

1　つくえと　せきを　ならべて　ください。

2　自分の　せきに　すわって　ください。

3　デパートで　せきを　2つ　買いました。

4　こうえんに　小さい　せきが　あります。

32 さびしい

1　まいにち　おそく　ねると　さびしく　ありません。
2　いえに　かえれば　かぞくが　いるから　さびしく　ありません。
3　朝ごはんを　たべれば　おなかが　さびしく　ありません。
4　この　トレーニングは　さびしいですが、　やくに　たちます。

33 てつだう

1　かわに　おちた　人を　てつだいました。
2　パソコンが　べんきょうを　てつだいました。
3　父の　しごとを　いっしょうけんめい　てつだいました。
4　みちが　わからない　人を　てつだいました。

34 おおぜい

1　やすみの　ひは　じかんが　おおぜい　あります。
2　カレーに　にくを　おおぜい　いれました。
3　夏やすみに　しゅくだいが　おおぜい　でました。
4　えきの　まえは　ひとが　おおぜい　います。

실전모의테스트 1회

문자 · 어휘

문제 1	1 ②	2 ③	3 ③	4 ③	5 ②	6 ②	7 ③
	8 ①	9 ④					
문제 2	10 ④	11 ②	12 ③	13 ②	14 ③	15 ①	
문제 3	16 ②	17 ③	18 ③	19 ①	20 ③	21 ①	22 ②
	23 ③	24 ②					
문제 4	25 ③	26 ②	27 ③	28 ②	29 ④		
문제 5	30 ①	31 ④	32 ②	33 ③	34 ②		

N4 실전모의테스트 1회 정답 및 해설

문자 · 어휘

문제 1 ＿＿＿의 어휘는 히라가나로 어떻게 씁니까? 1 · 2 · 3 · 4에서 가장 적당한 것을 하나 고르세요.

1 8じに　しゅっぱつするから　<u>急いで</u>　ください。
1　およいで　2　いそいで　3　かせいで　4　はやいで

정답 2 8시에 출발하니까 서둘러 주세요.

어휘 出発 출발 | 急ぐ 서두르다 | 泳ぐ 헤엄치다

해설 「急 급할 (급)」은 음독으로 「きゅう」이며 훈독 동사로는 「急ぐ(서두르다)」가 있다. 「出 날 (출)」은 음독으로는 「しゅつ」라고 읽는다. 관련 어휘 「出発(출발)」도 알아 두자.

---

2 かぜを　ひいて　りょうりの　<u>味</u>が　よく　わかりません。
1　いろ　2　いみ　3　あじ　4　まし

정답 3 감기에 걸려서 요리의 맛을 잘 모르겠습니다.

어휘 風邪を 引く 감기에 걸리다 | 料理 요리 | 味 맛

해설 「味 맛 (미)」는 훈독으로는 「あじ」, 음독으로는 「み」라고 읽는다. 관련 어휘 「意味」도 함께 알아 두자.

---

3 としょかんは　たいいくかんより　<u>近い</u>です。
1　ひろい　2　ながい　3　ちかい　4　とおい

정답 3 도서관은 체육관보다 가깝습니다.

어휘 図書館 도서관 | 体育館 체육관 | ～より ～보다 | 近い 가깝다

해설 「近 가까울 (근)」은 훈독으로는 「ちかい」, 음독으로는 「きん」이라고 읽는다. 관련 어휘 「近所(근처)」도 같이 외우도록 하자. 「館 집 (관)」은 음독으로 「かん」이며 관련 어휘로는 「映画館(영화관), 体育館(체육관)」이 있다. 선택지 「広い(넓다), 長い(길다), 遠い(멀다)」도 자주 출제되는 어휘이다.

---

4 うんてんする　ときは　<u>安全</u>に　ちゅういします。
1　あんしん　2　かんしん　3　あんぜん　4　かんぜん

정답 3 운전할 때는 안전에 주의합니다.

어휘 運転 운전 | 安全 안전 | 注意 주의

해설 「安 편안할 (안)」은 음독으로 「あん」, 훈독 어휘로는 「安い(싸다)」가 있다. 관련 어휘 「安全(안전), 安心(안심)」도 자주 출제되는 어휘이므로 암기해 두자. 「運転」의 「転 구를 (전)」은 음독으로 「てん」이고, 「自転車(자전거)」도 같이 외워 두자. 「注意(주의)」의 「意」는 음독으로 「い」이고, 관련 어휘로는 「意味(의미), 意見(의견)」이 있다.

---

5 くうこうから　ひこうきが　出発しました。

1　しはつ　　2　しゅっぱつ　　3　しゅつはつ　　4　しんぱつ

정답 2 공항에서 비행기가 출발했습니다.

어휘 空港(くうこう) 공항 | 飛行機(ひこうき) 비행기 | 出発(しゅっぱつ) 출발

해설 「出 날 (출)」의 음독은 「しゅつ」이고, 「発」의 음독은 「はつ」이다. 그러나 「出発(출발)」로 읽을 경우에는 발음이 「しゅっぱつ」로 바뀌므로 주의하자.

---

6 ごごから　かいぎを　始めます。

1　すすめ　　2　はじめ　　3　とめ　　4　やめ

정답 2 오후부터 회의를 시작합니다.

어휘 午後(ごご) 오후 | 会議(かいぎ) 회의

해설 「始 처음 (시)」의 음독은 「し」이고, 훈독 동사로는 「始(はじ)める(시작하다), 始(はじ)まる(시작되다)」가 있다. 선택지 「すすめる(추천하다), とめる(세우다), やめる(그만두다)」의 의미도 알아 두자.

---

7 60さい　以上の　人は　むりょうで　入(はい)れます。

1　いか　　2　いがい　　3　いじょう　　4　いぜん

정답 3 60세 이상의 사람은 무료로 들어갈 수 있습니다.

어휘 以上(いじょう) 이상 | 無料(むりょう) 무료 | 入(はい)れる 들어갈 수 있다

해설 「上 윗 (상)」은 음독으로는 「じょう」, 훈독으로 「うえ」라고 읽는다. 선택지 「以下(いか) (이하), 以外(いがい)(이외), 以前(いぜん)(이전)」도 시험에 자주 출제되는 어휘이므로 반드시 알아 두자.

---

8 みせの　ひとが　親切じゃ　ありませんでした。

1　しんせつ　　2　じんせつ　　3　しんぜつ　　4　じんぜつ

정답 1 점원이 친절하지 않았습니다.

어휘 店の人(みせのひと) 점원 | 親切(しんせつ)だ 친절하다

해설 「親 친할 (친)」은 음독으로는 「しん」, 훈독 어휘로는 「おや(부모), したしい(친하다)」 등이 있다. 「切 끊을 (절)」은 음독으로는 「せつ」, 훈독 어휘로는 「きる(자르다)」가 있다. 「店」는 음독으로는 「てん」, 훈독은 「みせ」로 읽힌다. 관련 어휘로는 「店員(てんいん)(점원)」이 있으며, 시험에 자주 출제되므로 반드시 익혀 두자.

---

9 今夜は　つきが　とても　きれいです。

1　こんばん　　2　こんにゃ　　3　こんよ　　4　こんや

정답 4 오늘 밤은 달이 매우 아름답습니다.

어휘 今夜(こんや) 오늘 밤 | 月(つき) 달 | きれいだ 예쁘다, 깨끗하다

해설 「今 이제 (금)」은 음독으로는 「こん」, 훈독으로는 「いま」로 읽는다. 「夜 밤 (야)」는 음독으로는 「や」, 훈독으로 「よる」라고 읽는다. 「今夜(こんや)(오늘 밤)」와 비슷한 어휘인 「今晩(こんばん)(오늘 밤)」과 읽는 법을 혼동하지 않도록 주의하자.

문제 2 ＿＿＿의 어휘는 어떻게 씁니까? 1 · 2 · 3 · 4에서 가장 적당한 것을 하나 고르세요.

10 朝　はやく　出て　夜　おそく　<u>かえります</u>。
　1　掃ります　　2　浸ります　　3　侵ります　　4　帰ります

정답 4 아침 일찍 나와서 밤 늦게 <u>집에 갑니다</u>.

어휘 朝 아침 | はやく 일찍 | 出る 나가다, 나오다 | 夜 밤 | おそく 늦게 | 帰る 돌아가다

해설 「帰 돌아갈 (귀)」는 음독으로는 「き」, 훈독 동사로는 「帰る (돌아가다, 돌아오다)」가 있다. '가다'에는 「行く」도 있지만 집에 갈 때는 「帰る」를 쓴다는 것을 알아 두자.

---

11 この　ボタンを　<u>おすと</u>　きっぷが　でます。
　1　折すと　　2　押すと　　3　払すと　　4　指すと

정답 2 이 버튼을 <u>누르면</u> 표가 나옵니다.

어휘 ボタン 버튼 | 押す 누르다 | きっぷ 표

해설 「ボタンをおす」는 '버튼을 누르다'라는 의미로 「おす」의 한자는 「押 누를 (압)」을 사용한다. 선택지의 「折る(접다), 払う(지불하다), 指す(가리키다)」도 비슷하게 생긴 한자로, 혼동하지 않도록 주의하자.

---

12 へやの　中が　<u>あかるく</u>　なりました。
　1　赤るく　　2　開るく　　3　明るく　　4　朗るく

정답 3 방 안이 <u>밝아</u>졌습니다.

어휘 部屋 방 | 中 안 | 明るい 밝다

해설 「明 밝을 (명)」은 음독으로 「めい」라고 읽고, 자주 등장하는 어휘로 「説明(설명)」가 있다. 훈독 어휘로는 「明るい(밝다)」가 있다.

---

13 山から　見える　<u>けしき</u>が　きれいですね。
　1　気色　　2　景色　　3　景致　　4　景気

정답 2 산에서 보이는 <u>경치</u>가 아름답군요.

어휘 山 산 | 見える 보이다 | 景色 경치

해설 「景 볕 (경)」은 음독으로 「けい」이며, 관련 어휘로는 「景気(경기)」가 있다. 하지만 「景色 (경치)」는 예외적으로 「けしき」라고 읽히므로, 「けいしき」로 혼동하지 않도록 주의하자. 「色 빛(색)」은 음독으로 「しょく・しき」, 훈독 어휘로는 「色(색, 빛깔)」가 있다.

---

14 ひこうきは　明日までに　<u>よやくして</u>　おきます。
　1　予定　　2　予想　　3　予約　　4　予習

정답 3 비행기는 내일까지 <u>예약</u>해 놓겠습니다.

어휘 飛行機 비행기 | 明日 내일 | 予約 예약 | ～て おく ～해 두다, ～해 놓다

해설 「予 미리 (예)」의 「よ」와 「約 묶을 (약)」의 「やく」가 합쳐져 '예약'의 의미를 갖는다. 선택지 「予定(예정), 予想(예상), 予習(예습)」도 자주 등장하므로, 함께 알아 두자.

15 せんしゅうは <u>いそがしくて</u> 休めませんでした。

1 忙しくて　　2 急しくて　　3 早しくて　　4 楽しくて

정답 1 지난주는 <u>바빠서</u> 쉴 수 없었습니다.

어휘 先週 지난주 | 忙しい 바쁘다 | 休む 쉬다

해설 「忙 바쁠 (망)」의 음독은 「ぼう」, 훈독 어휘로는 「忙しい(바쁘다)」가 있다. 선택지 중 시간과 관련된 한자 「急ぐ(서두르다), 早い(이르다)」등과 혼동하지 않도록 주의하자. 4번 선택지 「楽しい」의 「楽 즐거울 (락)」은 「薬 약 (약)」과 함께 자주 등장하므로 잘 익혀 두어야 하는 한자이다.

문제 3 (　　) 에 무엇을 넣습니까? 1・2・3・4에서 가장 적당한 것을 하나 고르세요.

16 友だちから てがみが きたので (　　) を 書きました。

1 こたえ　　2 へんじ　　3 しつもん　　4 あいさつ

정답 2 친구에게서 편지가 와서 답장을 썼습니다.

어휘 友だち 친구 | 手紙 편지 | 返事 답장 | 書く 쓰다 | 質問 질문 | あいさつ 인사

해설 친구로부터 온 편지와 관련된 단어는 2번 「へんじ(답장)」이다. 선택지 1번 「こたえ(대답, 답변)」는 질문에 대한 '대답'이므로 편지의 「へんじ(답장)」와 혼동해서는 안 된다. 편지와 관련된 단어로서 자주 출제되는 「切手(우표), はる(붙이다), 送る(보내다)」도 함께 외워 두자.

---

17 エレベーターが (　　) して いるので、かいだんを 使わなければ なりません。

1 しよう　　2 けんさ　　3 こしょう　　4 しっぱい

정답 3 엘리베이터가 고장 나서 계단을 사용해야 합니다.

어휘 エレベーター 엘리베이터 | 故障 고장 | 階段 계단 | 使う 사용하다

해설 엘리베이터가 고장 나서 계단을 사용해야 하므로 「故障(고장)」가 정답이다. 다른 보기 「使用(사용), 検査(검사), 失敗(실패)」도 필수 어휘이므로 꼭 외워 두자. 또한 「故障する(고장 나다)」와 비슷한 말인 「こわれる(고장나다)」도 자주 등장한다.

---

18 パソコンは だれでも (　　) つかえます。

1 しんせつに　　2 ていねいに　　3 かんたんに　　4 とくべつに

정답 3 컴퓨터는 누구라도 간단히 쓸 수 있습니다.

어휘 パソコン 컴퓨터 | 簡単に 간단하게, 쉽게 | 使う 사용하다

해설 먼저 선택지를 살펴보면 「しんせつに(친철하게), ていねいに(정중하게), かんたんに(간단하게), とくべつに(특별하게)」가 된다. 컴퓨터와 같은 기계는 '쉽게, 간단하게'의 의미를 가진 「かんたんに」가 정답이 된다.

---

19 この 問題は (　　) むずかしく ありません。

1 それほど　　2 ほとんど　　3 やっと　　4 しばらく

정답 1 이 문제는 그렇게 어렵지 않습니다.

어휘 問題 문제 | それほど 그렇게 | 難しい 어렵다

해설 「それほど」는 '그렇게, 그 정도로'라는 뜻으로 부정어와 함께 쓰인다. 비슷한 말로 「そんなに」와 바꿔 쓸 수 있다. 다른 선택지 「ほとんど(거의, 대부분), やっと(겨우, 간신히), しばらく(잠시)」도 함께 알아 두자.

---

20 4月(がつ)に　なって　すっかり（　　　　）なりました。

1　つよく　　2　おもく　　3　あたたかく　　4　はずかしく

정답 3 4월이 되고 완전히 따뜻해졌습니다.

어휘 すっかり 완전히

해설 4월의 날씨와 어울리는 단어는 선택지 3번 「暖(あたた)かい(따뜻하다)」이다. 다른 선택지 「つよい(세다, 강하다), おもい(무겁다), はずかしい(부끄럽다)」도 알아 두자.

---

21 りょうしんに　外国から　きた　友だちを（　　　　）しました。

1　しょうかい　　2　せつめい　　3　ちゅうい　　4　けんきゅう

정답 1 부모님에게 외국에서 온 친구를 소개했습니다.

어휘 両親(りょうしん) 부모님 | 外国(がいこく) 외국 | 紹介(しょうかい) 소개

해설 괄호 안에는 사람을 '소개하다'가 적당하므로, 정답은 1번 「しょうかい(소개)」가 된다. 선택지 2번 「せつめい(설명)」와 혼동하지 않도록 주의하자. 다른 선택지 「ちゅうい(주의), けんきゅう(연구)」도 함께 알아 두자. 문제3번 문맥 규정의 문제는 이처럼 「동작성 명사」가 많이 등장한다.

---

22 わからない　たんごは　じしょで（　　　　）すぐに　わかります。

1　あつめれば　　2　しらべれば　　3　かんがえれば　　4　きめれば

정답 2 모르는 단어는 사전으로 알아보면 바로 알 수 있습니다.

어휘 たんご 단어 | じしょ 사전 | すぐに 바로 | しらべる 조사하다, 알아보다

해설 사전 혹은 인터넷 포털 사이트에서 정보를 '찾다, 조사하다'의 의미로 「調(しら)べる」를 꼭 기억하자. 다른 선택지 「あつめる(모으다), かんがえる(생각하다), きめる(결정하다)」도 알아 두자.

---

23 たんじょうびの（　　　　）に　時計(とけい)を　買(か)いました。

1　おれい　　2　おみまい　　3　おいわい　　4　おみやげ

정답 3 생일 선물로 시계를 샀습니다.

어휘 たんじょうび 생일 | 時計(とけい) 시계 | 買(か)う 사다

해설 생일, 졸업 등의 축하 또는 축하 선물의 의미를 갖는 「お祝(いわ)い」가 정답이 된다. 다른 선택지도 기출 어휘이므로 한자도 함께 알아 두도록 하자. 「お礼(れい)」는 '답례, 답례 선물', 「お見舞(みま)い」는 '병문안, 문병' 「お祝(いわ)い」는 '축하, 축하 선물', 「お土産(みやげ)」는 '여행지에서 사는 토산품'의 의미를 갖는다.

---

24 こんどの　駅(えき)で　とっきゅうに（　　　　）ます。

1　かたづけ　　2　のりかえ　　3　とりかえ　　4　くらべ

정답 2 이번 역에서 특급으로 갈아탑니다.

어휘 こんど 이번 | 駅(えき) 역 | 特急(とっきゅう) 특급

해설 교통수단을 '갈아타다'의 의미를 갖는 「のりかえる(갈아타다)」가 정답이 된다. 다른 선택지 「かたづける(정리하다), とりかえる(바꾸다), くらべる(비교하다)」도 알아 두자.

문제 4 ____의 문장과 거의 같은 의미의 문장이 있습니다. 1・2・3・4에서 가장 적당한 것을 하나 고르세요.

25 やくそくの　じかんに　まにあいませんでした。

1　やくそくの　じかんに　むかいました。
2　やくそくの　じかんに　つきました。
3　やくそくの　じかんに　おくれました。
4　やくそくの　じかんに　いそぎました。

정답 3 약속 시간 안에 도착하지 못했습니다.

어휘 まにあう 시간 안에 도착하다

해설 「むかう」는 '향하다', 「つく」는 '도착하다', 「おくれる」는 '지각하다, 늦다', 「いそぐ」는 '서두르다'라는 뜻이므로, 「間に合わない(시간에 맞춰 도착하지 못하다)」의 유의어는 3번이 된다.

---

26 かいしゃの　ちかくの　アパートに　うつりました。

1　かいしゃの　ちかくの　アパートに　はこびました。
2　かいしゃの　ちかくの　アパートに　ひっこしました。
3　かいしゃの　ちかくの　アパートに　かえりました。
4　かいしゃの　ちかくの　アパートに　かよいました。

정답 2 회사 근처 아파트로 옮겼습니다.

어휘 かいしゃ 회사 | ちかく 근처 | アパート 아파트 | うつる 옮기다, 이동하다

해설 집 등을 옮기다의 「うつる(옮기다)」의 유의어는 「ひっこす(이사하다)」가 된다. 물건 등을 옮기는 「はこぶ(운반하다, 나르다)」와 혼동해서는 안 된다. 「かえる(돌아가다), かよう(다니다)」도 알아 두자.

---

27 ここは　小学生　以外は　りよう　できません。

1　ここは　おとなが　りよう　できます。
2　ここは　あかちゃんも　りよう　できます。
3　ここは　小学生だけ　りよう　できます。
4　ここは　小学生と　中学生が　りよう　できます。

정답 3 여기는 초등학생 이외에는 이용할 수 없습니다.

어휘 ここ 여기 | 小学生(しょうがくせい) 초등학생 | 以外(いがい) 이외, 그 밖 | 利用(りよう) 이용

해설 「以外(いがい)」는 '～이외, ～밖에'라는 뜻으로 부정형을 동반한다. 즉, '～밖에 ～않는다'는 '～만 ～하다'와 같은 말이므로, 긍정과 호응하는 「だけ(뿐, 만)」가 정답이 된다.

---

28 しけんは　どようびまで　つづきました。

1　しけんは　どようびから　はじまります。

2　しけんは　どようびに　おわりました。

3　しけんは　どようびは　しません。

4　しけんは　どようびまで　ありません。

정답　2 시험은 토요일까지 계속되었습니다.

어휘　しけん 시험 | どようび 토요일 | つづく 계속되다

해설　1번은 '토요일부터 시작됩니다', 2번은 '토요일에 끝났습니다', 3번은 '토요일은 하지 않습니다', 4번은 '토요일까지 없습니다'라고 해석된다. 토요일까지 계속되었다는 것은 토요일에 끝났다는 이야기이므로 정답은 2번이 된다.

---

29 にちようびなら　つごうが　いいです。

1　にちようびは　いえに　います。

2　にちようびは　いそがしいです。

3　にちようびは　やくそくが　あります。

4　にちようびは　だいじょうぶです。

정답　4 일요일이라면 상황이 좋습니다.

어휘　にちようび 일요일 | つごうが いい 상황이 좋다, 사정이 좋다, 형편이 좋다

해설　「都合(つごう)がいい(형편, 사정이 좋다), 都合(つごう)が悪(わる)い(형편, 사정이 안 좋다)」는 언어지식뿐만 아니라 독해, 청해에도 자주 등장하는 어휘이므로 반드시 알아 두어야 한다. '형편이 좋다'라는 것은 '시간이 괜찮다, 시간이 된다'라는 의미이므로, 정답은 4번 「だいじょうぶだ(괜찮다)」가 된다. 1번은 '일요일은 집에 있습니다', 2번은 '일요일은 바쁩니다', 3번은 '일요일은 약속이 있습니다'이므로 오답이다.

문제 5　다음 어휘의 사용법으로 가장 적당한 것을 1・2・3・4에서 하나 골라주세요.

30 ぐあい

1　ぐあいが　わるくて　にゅういんしました。

2　ぐあいが　ない　ときは　連絡して　ください。

3　明日(あした)は　ぐあいが　あって　休(やす)みます。

4　ぐあいが　合えば　私も　行きます。

정답　1 몸 상태가 안 좋아서 입원했습니다.

어휘　ぐあいが わるい 상태가 좋지 않다 | 連絡(れんらく) 연락

해설　「ぐあいが わるい(몸 상태가 좋지 않다)」는 자주 나오는 표현이므로 통째로 외워두도록 하자. 2번 「ぐあい(몸 상태, 컨디션)」는 「ない」가 아니라 「わるい(나쁘다)」, 「いい(좋다)」와 호응하므로, 2번은 오답이다. 3번은 「用事(ようじ)(용무)」로, 4번은 「時間(じかん)(시간)」으로 교체해야 한다.

31 けんぶつ

1 えいがを けんぶつしました。

2 おんがくを けんぶつして います。

3 しょうせつを けんぶつしたいです。

4 おまつりを けんぶつする ことに しました。

정답 4 축제 구경을 하기로 했습니다.

어휘 しょうせつ 소설 | おまつり 축제

해설 「けんぶつ」는 '구경'이라는 뜻이므로 '축제를 구경한다'인 4번이 정답이 된다. 선택지 1번은 「見る(보다)」, 2번은 「聞く(듣다)」, 4번은 「読む(읽다)」로 교체해야 한다.

---

32 やわらかい

1 はるの 雨が やわらかく 降って いる。

2 この パンは きのうの パンより やわらかいです。

3 ことしの しけんもんだいは とても やわらかいです。

4 そうじした あとは へやが やわらかいです。

정답 2 이 빵은 어제 빵보다 부드럽습니다.

어휘 やわらかい 부드럽다 | しけんもんだい 시험문제

해설 「やわらかい」는 감촉 또는 식감이 부드러울 때 쓰이는 어휘이므로 2번이 정답이 된다. 선택지 1번은 '봄비가 포근하게 내린다'의 의미로 「優しい (상냥하다, 온화하다)」, 3번은 「易しい(쉽다)」, 4번은 「きれいだ(깨끗하다)」로 교체해야 한다.

---

33 さがす

1 ぎんこうで お金を さがしました。

2 じしょで わからない かんじを さがしました。

3 さいふが ないので カバンの 中を さがしました。

4 いえの きんじょで けしきを さがしました。

정답 3 지갑이 없어서 가방 안을 찾았습니다.

어휘 さがす 찾다 | ぎんこう 은행 | じしょ 사전 | かんじ 한자 | きんじょ 근처

해설 「さがす」는 '안 보이는 무언가를 찾다'라는 뜻이므로, 가방 안에서 지갑을 찾는 3번이 정답이 된다. 1번은 '돈을 찾다(인출하다)의 의미를 갖는 「お金を下ろす(돈을 인출하다)」가 적당하고, 2번의 '사전으로 단어를 찾다'는 일반적으로 「じしょを ひく」 또는 「じしょを しらべる」를 사용한다. 선택지 4번의 경우, 다소 어려울 수 있으나 '경치를 조망하다(바라보다)'인 「けしきを眺める」가 적당하다.

---

34 いっぱい

1 スポーツは すいえいが いっぱい すきです。

2 駐車場には 車が いっぱいです。

3 こんどの しけんは いっぱい かんたんでした。

4 えいがを 見て いっぱい 悲しく なりました。

정답 2 주차장에는 자동차가 가득합니다.

어휘 いっぱい(だ) 가득(하다) | すいえい 수영 | 駐車場 주차장 | 試験 시험 | かんたんだ 간단하다, 쉽다 | 映画 영화

해설 「いっぱい」란 수량이 가득한 모양을 나타내는 말이므로 2번이 정답이 된다. 선택지 1번, 3번, 4번에는 정도를 나타내는 부사 「とても(매우)」, 「ほんとうに(정말로)」가 적당하다.

실전모의테스트 2회

문자・어휘

문제 1	1 ②	2 ②	3 ④	4 ①	5 ③	6 ②	7 ④
	8 ④	9 ②					
문제 2	10 ③	11 ③	12 ②	13 ②	14 ④	15 ①	
문제 3	16 ③	17 ②	18 ④	19 ①	20 ①	21 ③	22 ④
	23 ②	24 ①					
문제 4	25 ②	26 ④	27 ③	28 ②	29 ④		
문제 5	30 ③	31 ②	32 ②	33 ③	34 ④		

N4 실전모의테스트 2회 정답 및 해설

문자 · 어휘

문제 1 ＿＿의 어휘는 히라가나로 어떻게 씁니까? 1 · 2 · 3 · 4에서 가장 적당한 것을 하나 고르세요..

1 あしたは　10じに　集まって　ください。
1　あやまって　　2　あつまって　　3　あいまって　　4　あらたまって

정답 2 내일은 10시에 모여 주세요.
어휘 集まる 모이다 | あやまる 사과하다
해설 「集 모을 (집)」은 음독으로 「しゅう」이며 훈독 동사로는 「あつまる(모이다)」가 있다. 타동사 「集める(모으다)」도 함께 알아 두자.

---

2 わたしは　姉が　二人、弟が　一人　います。
1　いもうと　　2　あね　　3　おとうと　　4　あに

정답 2 나는 언니가 두 명, 남동생이 한 명 있습니다.
어휘 姉 언니, 누나 | 弟 남동생
해설 「姉 누이 (자)」는 '언니, 누나'라는 뜻으로 훈독으로는 「あね」라고 읽는다. 다른 선택지 「妹(여동생), 弟(남동생), 兄(형, 오빠)」도 혼동하기 쉬운 한자이므로 읽는 방법과 한자 모두 외워 두자.

---

3 この　小説は　だれが　ほんやくしましたか。
1　こせつ　　2　こうせつ　　3　しょせつ　　4　しょうせつ

정답 4 이 소설은 누가 번역했습니까?
어휘 小説 소설 | ほんやく 번역
해설 「小 작을 (소)」는 음독은 「しょう」, 훈독 단어로는 「小さい(작다)」가 있다. 주의할 점은 「小」와 「少」를 혼동해서는 안 된다. 「少 적을 (소)」는 훈독 어휘로 「少ない」가 있고 '(양이) 적다'라는 의미이다. 또한 「説 말씀 (설)」의 음독은 「せつ」이다.

---

4 としょかんは　こうつうが　不便な　ところに　あります。
1　ふべんな　　2　ふびんな　　3　ふびょうな　　4　ふしんな

정답 1 도서관은 교통이 불편한 곳에 있습니다.
어휘 図書館 도서관 | こうつう 교통 | 不便だ 불편하다
해설 「便 편할 (편)」은 음독으로 「べん」이고, 시험에 자주 등장하는 「便利だ」도 함께 외워 두자.

---

5 電車に　乗る　人の　数を　数える　バイトを　した　ことが　あります。
1　おぼえる　　2　かかえる　　3　かぞえる　　4　こたえる

정답 3 전철을 타는 사람의 수를 세는 아르바이트를 한 적이 있습니다.
어휘 電車 전철 | 数 수, 숫자 | 数える 세다 | おぼえる 기억하다, 외우다 | こたえる 대답하다

해설 「数 셀 (수)」는 음독으로 「すう」, 훈독 동사 「数(かぞ)える(세다, 계산하다)」도 함께 알아 두자. 「おぼえる」는 '외우다, 기억하다, 암기하다', 「かかえる」는 '안다, 품다', 「こたえる」는 '대답하다'라는 뜻인데, 특히 「おぼえる」와 「こたえる」는 시험에 잘 나오는 단어이므로 반드시 암기하도록 하자.

---

6 火事の　げんいんは　たばこだそうです。
1　かさい　　2　かじ　　3　ひもと　　4　ひごと

정답 2 화재의 원인은 담배라고 합니다.

어휘 火事(かじ) 화재 | げんいん 원인

해설 「火 불 (화)」는 음독일 때는 「か」로 읽고, 훈독일 때 「ひ」로 읽는다. 「事 일 (사)」는 음독은 「じ」, 훈독은 「こと」이다. 두 한자를 조합하면 「火事(かじ)(화재)」가 된다. 똑같이 발음되는 「家事(かじ) (가사)」도 알아 두자.

그 밖에도 문장 마지막에 나온 「そうです」는 어디에선가 들은 이야기를 전달하는 전문의 「そうです」로 쓰여서 '라고 합니다'라고 해석되는 것도 함께 알아 두자.

---

7 この　なかに　正しい　こたえは　ひとつしか　ありません。
1　やさしい　　2　すばらしい　　3　あたらしい　　4　ただしい

정답 4 이 안에 올바른 답은 하나밖에 없습니다.

어휘 こたえ 대답 | しか 밖에

해설 「正 바를 (정)」의 음독은 「せい・しょう」이고, 훈독 단어로 「正(ただ)しい(바르다)」가 있다. 다른 선택지 「やさしい(친절하다), すばらしい(멋지다), あたらしい(새롭다)」도 자주 등장하므로 꼭 암기해 두자.

그 밖에도 문장 끝에 나온 「しか～ない(밖에 ～없다)≒～だけ～ある(～만 ～있다)」는 문제4 유의표현에 잘 나온다.

---

8 こどもは　くまの　人形が　だいすきです。
1　じんがた　　2　じんぎょう　　3　にんぎょ　　4　にんぎょう

정답 4 아이는 곰 인형을 매우 좋아합니다.

어휘 くま 곰 | にんぎょう 인형

해설 「人 사람 (인)」은 음독으로 읽을 때 「にん」 또는 「じん」으로 읽히며, 훈독 단어로 「人(ひと)」가 있다. 「形 모양 (형)」의 음독은 「けい・ぎょう」, 훈독 단어로 「形(かたち)(모양)」이 있다. 두 어휘를 합치면 「人形(にんぎょう)」가 된다. 이처럼 음독이 두 가지로 읽히는 어휘는 특히 주의해야 한다.

---

9 なまえの　したに　住所を　かいて　ください。
1　じゅしょ　　2　じゅうしょ　　3　じゅしょう　　4　じゅうしょう

정답 2 이름 아래에 주소를 적어 주세요.

어휘 なまえ 이름 | 住所(じゅうしょ) 주소

해설 한자읽기 파트의 가장 대표적인 유형의 문제이다. 한자읽기 파트에서는 '장 · 단음의 구별'과 '탁음의 유무' 두 가지를 중심으로 출제되므로, 평소에 발음 연습을 입을 통해 확실히 하는 연습을 해야 한다. 「住 살 (주)」는 음독으로 「じゅう」, 훈독 동사로는 「住(す)む」가 있는데, 특히 「じゅ」로 읽지 않도록 주의해야 한다. 「所 바 (소)」는 「しょ」로 읽히므로 「しょう」처럼 장음으로 혼동하지 않도록 주의하자.

문제 2 ＿＿＿의 어휘는 어떻게 씁니까? 1 · 2 · 3 · 4에서 가장 적당한 것을 하나 고르세요.

10 あたらしい　てぶくろを　だいじに　つかって　います。
1　大時に　　2　代時に　　3　大事に　　4　代事に

정답 3 새 장갑을 소중히 사용하고 있습니다.

어휘 てぶくろ 장갑 | だいじだ 소중하다, 중요하다 | つかう 사용하다

해설 「大事だ」는 '소중하다'라는 뜻인데 비슷한 말로 「大切だ (소중하다)」도 있다. 선택지 3번을 제외하고는 모두 쓰이지 않는 말이므로 정답은 3번이 된다.

---

11 いえと　コンビニの　あいだに　ゆうびんきょくが　あります。
1　問　　2　門　　3　間　　4　関

정답 3 집과 편의점 사이에 우체국이 있습니다.

어휘 コンビニ 편의점 | あいだ 사이 | ゆうびんきょく 우체국

해설 「間 사이 (간)」은 음독으로는 「かん」으로 읽히지만 훈독으로는 「あいだ(사이)」로 읽힌다. 다른 선택지 「問 물을 (문)・門 문 (문)・関 관계할 (관)」과 혼동하지 않도록 주의하자.

---

12 この　本は　明日までに　図書館に　かえさなければ　ならない。
1　貸さなければ　　2　返さなければ　　3　換えさなければ　　4　借さなければ

정답 2 이 책은 내일까지 도서관에 반납해야 한다.

어휘 かえす 돌려주다, 반납하다

해설 「返す」는 '돌려주다, 반납하다'라는 뜻인데, 이 외에 시험에 잘 나오는 관련 어휘로 '빌려주다'의 「貸す」, '빌리다'의 「借りる」와 혼동하지 않도록 하자.

---

13 よるの　そらに　うつくしい　ほしが　みえます。
1　新しい　　2　美しい　　3　悲しい　　4　楽しい

정답 2 밤 하늘에 아름다운 별이 보입니다.

어휘 よる 밤 | そら 하늘 | うつくしい 아름답다 | ほし 별 | みえる 보이다

해설 「美 아름다울 (미)」는 음독으로는 「び」로 읽히며, 훈독 단어로는 「美しい(아름답다)」가 있다. 다른 선택지 「新しい(새롭다), 悲しい(슬프다), 楽しい(즐겁다)」도 자주 등장하는 형용사이다.

---

14 けっこんしきに　ともだちを　しょうたいする　よていです。
1　紹介　　2 紹待　　3　招介　　4　招待

정답 4 결혼식에 친구를 초대할 예정입니다.

어휘 けっこんしき 결혼식 | よてい 예정

해설 「招 부를 (초)」는 음독으로 「しょう」로 발음되며, 「紹 이을 (소)」와 혼동해서는 안 된다. 특히 「招待(초대)」와 「紹介(소개)」는 자주 나오는 어휘이므로 반드시 구별해 두도록 하자. 또한 「待 기다릴 (대)」는 음독으로 「たい」, 훈독 동사로는 「待つ (기다리다)」가 있다. 「持 가질 (지)」와 비교해서 알아두자.

---

15 その　はなしは　かちょうから　ききました。
1　課長　　2　部長　　3　係長　　4　社長

정답 1 그 이야기는 과장님에게서 들었습니다.

어휘 かちょう 과장님

해설 「長 길 (장)」은 직함을 나타낼 때 등장하며 「ちょう」로 읽힌다. 참고로 「社長(しゃちょう)(사장님), 会長(かいちょう)(회장님), 部長(ぶちょう) (부장님)」도 함께 알아 두자.

문제 3 (　　) 에 무엇을 넣습니까? 1 · 2 · 3 · 4에서 가장 적당한 것을 하나 골라 주세요.

16 この　こうさてんは　くるまが　おおいので（　　　）です。
1　てきとう　　2　だいじ　　3　きけん　　4　あんぜん

정답 3 이 사거리는 차가 많아서 위험합니다.

어휘 交差点(こうさてん) 사거리 | 多(おお)い 많다 | きけん 위험

해설 차가 많다고 했으므로 가장 적당한 어휘는 3번 「きけん (위험)」이며 비슷한 말로 「あぶない(위험하다)」가 있다. 다른 선택지 「てきとう(적당), だいじ(중요함), あんぜん(안전)」도 알아 두자.

---

17 コンビニの（　　　）に　人が　たくさん　ならんでいます。
1　メニュー　　2　レジ　　3　レシート　　4　サービス

정답 2 편의점 계산대에 사람이 많이 줄서있습니다.

어휘 メニュー 메뉴 | レジ 계산대 | レシート 영수증 | サービス 서비스

해설 영어의 'register'에서 온 말로, 계산대를 「レジ」라고 부른다는 것을 알아 두자. 특히 「コンビニ(편의점)」는 매우 자주 나오는 단어이므로 반드시 알아 두도록 하자.

---

18 ずっと　雨が　つづきましたが（　　　）　やみました。
1　こんど　　2　なかなか　　3　そろそろ　　4　やっと

정답 4 쭉 비가 계속되었는데 겨우 그쳤습니다.

어휘 ずっと 쭉, 계속 | つづく 계속되다 | やむ 멎다, 그치다

해설 '멈추다, 그만두다'라는 말은 보통 「とまる」라고 하는데, 비나 눈 등이 그친다고 할 때는 동사 「やむ」를 쓴다는 것을 알아 두자. 해석이 비슷해서 틀리기 쉬운 문제이다. 다른 선택지 네 가지 「こんど(이번, 다음), なかなか (좀처럼, 꽤), そろそろ(슬슬)」 모두가 시험에 매우 잘 나오는 부사이므로 반드시 외우도록 하자.

---

19 赤(あか)ちゃんが（　　　）いるから　しずかに　しましょう。
1　ねむって　　2　あそんで　　3　のぼって　　4　いそいで

정답 1 아이가 자고 있으니까 조용히 합시다.

어휘 ねむる 잠들다 | あそぶ 놀다 | のぼる 오르다, 올라가다 | いそぐ 서두르다

해설 '아이가 ~하니까 조용히 합시다'에 적당한 어휘는 1번 「眠(ねむ)る(자다, 잠들다)」이다.

---

20 さとうを　いれない（　　　　）コーヒーが　すきです。

1　にがい　　2　あまい　　3　おもい　　4　こまかい

정답 1　설탕을 넣지 않은 쓴 커피를 좋아합니다.

어휘 にがい 쓰다 | あまい 달다 | おもい 무겁다 | こまかい 상세하다

해설 맛에 관련된 형용사 중 「苦い(쓰다)」와 「甘い(달다)」는 자주 출제되는 어휘이므로 반드시 외우자. 설탕을 넣지 않았으므로 「苦いコーヒー(쓴 커피)」가 정답이 된다.

---

21 かいしゃの　ひとが　こうじょうを（　　　　）くれました。

1　せいさんして　　2　じゅんびして　　3　あんないして　　4　せわして

정답 3　회사 사람이 공장을 안내해 주었습니다.

어휘 こうじょう 공장 | せいさん 생산 | じゅんび 준비 | せわ 돌봐줌

해설 '회사 사람이 공장을 ~해 주었다'는 말이므로 괄호 안에 들어갈 수 있는 말은 3번 「あんないして」이다. 「あんない(案内)する」는 '안내하다', 「~てくれる」는 남이 나에게 '~해 주다'라는 뜻이다.

---

22 1927年に　日本（　　　　）の　ちかてつが　できました。

1　さいこう　　2　さいご　　3　さいきん　　4　さいしょ

정답 4　1927년에 일본 최초의 지하철이 생겼습니다.

어휘 さいこう 최고 | さいご 최후 | さいきん 최근 | さいしょ 최초

해설 '1927년에 일본 ~의 지하철이 생겼다'는 말이므로 괄호 안에 들어갈 수 있는 말은 4번 「さいしょ(최초, 처음)」이다. 「できる」는 '할 수 있다, 생기다, 되다'라고 해석되는데 이 경우는 '지하철이 생겼다'로 해석된다.

---

23 もりの　なかは　木が　おおくて（　　　　）でも　くらいです。

1　まいにち　　2　ひるま　　3　きんじょ　　4　なつ

정답 2　숲 속은 나무가 많아서 낮에도 어둡습니다.

어휘 まいにち 매일 | ひるま 점심시간 | きんじょ 근처 | なつ 여름

해설 '숲 속은 나무가 많아 ~라도 어둡다'는 말이므로 괄호 안에 들어갈 수 있는 말은 2번 「ひるま(낮, 낮 동안)」이다. 「でも」는 명사와 접속할 때 '~라도'라는 뜻으로 쓰인다는 것을 알아 두자.

---

24 こどもでも　わかる（　　　　）もんだいを　だしました。

1　かんたんな　　2　しんせつな　　3　じゆうな　　4　さかんな

정답 1　아이라도 알 수 있는 간단한 문제를 냈습니다.

어휘 かんたんな 간단한 | しんせつな 친절한 | じゆうな 자유로운 | さかんな 왕성한, 활발한

해설 '아이라도 알 수 있는 ~문제를 냈다'는 말이므로 '아이도 알 수 있는'을 바꿔 표현할 수 있는 것을 찾으면 된다. 따라서 정답은 1번 「かんたんな(간단한, 쉬운)」이다. 「わかる」는 '알다, 알 수 있다, 이해하다' 등으로 해석하면 된다.

문제 4 ＿＿＿의 문장과 대체어로 같은 의미의 문장이 있습니다. 1・2・3・4에서 가장 적당한 것을 하나 골라 주세요.

25 先生の　おかげで　びょうきが　なおりました。
1 先生が　いないときに　びょうきが　なおりました。
2 先生が　びょうきを　なおして　くれました。
3 先生が　びょうきに　なりました。
4 先生が　びょうきを　おしえて　あげました。

정답 2 선생님 덕분에 병이 나았습니다.

어휘 びょうき 병 | なおる 낫다 | なおす 고치다 | ～て くれる (남이 나에게) ~해 주다 | ～て あげる (내가 남에게/제삼자가 제삼자에게) ~해 주다, ~해 드리다

해설 제시된 문장과 비슷한 뜻의 문장을 고르는 문제이다. 선택지를 해석해 보면, 1번 선생님이 없을 때 병이 나았습니다. 2번 선생님이 병을 고쳐 주었습니다. 3번 선생님이 병이 났습니다. 4번 선생님이 병을 가르쳐 주었습니다. 따라서 정답은 2번이다. 여기서 4번의 「おしえて あげました」는 '나에게'가 아니라 '제삼자에게' 가르쳐 주었다는 뜻이라는 점에도 주의.

---

26 3時(じ)までに　空港(くうこう)に　いくのは　きびしいです。
1 3時(じ)までに　空港(くうこう)に　いくのは　かんたんです。
2 3時(じ)までに　空港(くうこう)に　いくのは　かなしいです。
3 3時(じ)までに　空港(くうこう)に　いくのは　すごいです。
4 3時(じ)までに　空港(くうこう)に　いくのは　むずかしいです。

정답 4 3시까지 공항에 가는 것은 힘듭니다.

어휘 空港(くうこう) 공항 | きびしい 엄하다, 어렵다, 힘들다 | かなしい 슬프다 | すごい 대단하다 | むずかしい 어렵다

해설 「きびしい」는 사람의 성격을 표현할 때는 '엄하다, 엄격하다, 무섭다'로 해석되며 상황이 「きびしい」라고 하면 '힘들다, 여유가 없다, 어렵다'로 해석된다. 선택지를 해석해 보면 1번 3시까지 공항에 가는 것은 간단합니다. 2번 3시까지 공항에 가는 것은 슬픕니다. 3번 3시까지 공항에 가는 것은 대단합니다. 4번 3시까지 공항에 가는 것은 어렵습니다. 따라서 정답은 4번이 된다.

---

27 明日(あした)　5時(じ)に　お宅(たく)に　うかがいます。
1 明日(あした)　5時(じ)に　お宅(たく)で　話(はな)します。
2 明日(あした)　5時(じ)に　お宅(たく)に　聞(き)きます。
3 明日(あした)　5時(じ)に　お宅(たく)に　行(い)きます。
4 明日(あした)　5時(じ)に　お宅(たく)を　見(み)ます。

정답 3 내일 3시에 댁으로 찾아 뵙겠습니다.

어휘 お宅(たく) 댁(상대방의 집을 높여 부르는 말) | 話(はな)す 이야기하다 | 聞(き)く 듣다, 묻다 | 行(い)く 가다 | 見(み)る 보다

해설 「うかがう」는 '묻다, 듣다, 방문하다'의 겸양어이다. 여기에서는 '방문하다'의 의미로 쓰였으므로 3번이 정답이 된다.

---

28 <u>今日(きょう)は　これで　しつれいします。</u>

1　今日(きょう)は　もう　やめます。
2　今日(きょう)は　もう　かえります。
3　今日(きょう)は　これを　さしあげます。
4　今日(きょう)は　これを　あやまります。

정답 2 오늘은 이만 실례하겠습니다.

어휘 しつれい 실례 | やめる 그만두다 | さしあげる 드리다, 바치다 | あやまる 사과하다

해설 제시문은 '오늘은 이만 실례하겠습니다'라는 뜻이며 보통 일을 마치고 먼저 돌아갈 때 쓰는 표현이다. 선택지를 해석해 보면 1번 오늘은 이제 그만하겠습니다. 2번 오늘은 그만 돌아가겠습니다. 3번 오늘은 이것을 드리겠습니다. 4번 오늘은 이것을 사과하겠습니다. 따라서 정답은 2번이다.

---

29 <u>ここは　のうぎょうが　さかんです。</u>

1　ここは　のうぎょうを　する　人が　いません。
2　ここは　のうぎょうだけ　しています。
3　ここは　のうぎょうを　する　人が　すくないです。
4　ここは　のうぎょうを　する　人が　おおいです。

정답 4 여기는 농업이 활발합니다.

어휘 のうぎょう 농업 | さかんだ 왕성하다 | ～だけ ～만 | すくない 적다 | おおい 많다

해설 「さかんだ」는 '활발하다, 왕성하다, 유행이다' 등으로 해석된다. 따라서 농업을 하는 사람이 많다고 말한 4번이 정답이다.

문제 5 다음 어휘의 사용법으로 가장 적당한 것을 1 · 2 · 3 · 4에서 하나 골라 주세요.

30 ざんねん

1　むずかしい　しけんに　ごうかくできて　<u>ざんねん</u>です。
2　にもつが　少ないので　ひとりで　<u>ざんねん</u>です。
3　いそがしくて　たんじょうびに　行けなくて　<u>ざんねん</u>です。
4　とおい　ところから　ここまで　きてくれて　<u>ざんねん</u>です。

정답 3 바빠서 생일에 갈 수 없어서 유감입니다.

어휘 ざんねん 아쉬움, 유감스러움 | ごうかく 합격

해설 「ざんねん」에는 '아쉬움, 유감스러움, 분함, 억울함' 등의 뜻이 있다. 선택지를 해석해 보면 1번 어려운 시험에 합격해서 유감입니다. 2번 짐이 얼마 안 돼서 혼자서 유감입니다. 3번 바빠서 생일에 못 가서 아쉽습니다. 4번 멀리서 이곳까지 와 줘서 유감입니다. 따라서 정답은 3번이다. 어색한 문장을 자연스럽게 바꾸려면 1번과 4번은 「うれしい(기쁘다)」로 바꿔 쓸 수 있고, 2번은 「じゅうぶん(충분함)」으로 바꿔 쓸 수 있다.

---

31 せき

1　つくえと　<u>せき</u>を　ならべて　ください。
2　自分の　<u>せき</u>に　すわって　ください。
3　デパートで　<u>せき</u>を　2つ　買いました。

4 こうえんに 小さい せきが あります。

정답 2 자기 자리에 앉아주세요.

어휘 席(せき) 자리 | 机(つくえ) 책상 | 並(なら)べる 나열하다 | 自分(じぶん) 자신 | 座(すわ)る 앉다 | 買(か)う 사다 | 公園(こうえん) 공원

해설 「席(せき)」는 '자리, 좌석'이라는 의미로 공간을 나타내며 '의자'와 혼동 해서는 안 된다. 따라서 1번과 3번은 공간을 나열하거나, 백화점에서 살 수 있는 것은 아니기 때문에 오답이며 「いす(의자)」가 적당하다. 선택지 4번도 '작은 좌석이 있다'는 사용할 수 없고 「ベンチ(벤치)」로 교체해야 한다. 정답은 2번 '자기 자리에 앉다'가 정답이 된다.

---

32 さびしい

1 まいにち おそく ねると さびしく ありません。

2 いえに かえれば かぞくが いるから さびしく ありません。

3 朝ごはんを たべれば おなかが さびしく ありません。

4 この トレーニングは さびしいですが、 やくに たちます。

정답 2 집에 가면 가족이 있기 때문에 외롭지 않습니다.

어휘 さびしい 외롭다, 쓸쓸하다 | トレーニング 트레이닝, 연습, 훈련 | やくに たつ 도움이 되다

해설 「さびしい」에는 '외롭다, 쓸쓸하다' 등의 뜻이 있다. 따라서 정답은 2번 '집에 돌아가면 가족이 있어서 외롭지 않습니다'라고 말한 2번이다. 자연스러운 문장으로 바꾸려면 1번의 경우 「まいにち おそく ねると からだに わるいです。(매일 늦게 자면 몸에 안 좋습니다)」, 4번의 경우 「さびしい」 대신 「きびしい (엄하다, 혹독하다)」를 쓰면 된다. 3번 문장의 표현처럼 「おなかが さびしい」라는 표현은 쓰지 않는다.

---

33 てつだう

1 かわに おちた 人を てつだいました。

2 パソコンが べんきょうを てつだいました。

3 父の しごとを いっしょうけんめい てつだいました。

4 みちが わからない 人を てつだいました。

정답 3 아빠의 일을 열심히 거들었습니다.

어휘 てつだう (남의 일을) 돕다, 거들다 | おちる 떨어지다

해설 「てつだう」에는 '(남의 일을) 돕다, 거들다' 등의 뜻이 있다. 선택지를 해석해 보면 1번, 강에 빠진 사람을 도왔습니다. 2번, 컴퓨터가 공부를 도왔습니다. 3번, 아버지의 일을 열심히 도왔습니다. 4번, 길을 모르는 사람을 도왔습니다. 우선 정답은 3번인데, 여기서 1번과 4번 문장이 우리말로 해석했을 때 자연스럽게 보일 수가 있다. 주의해야 할 것은, 「てつだう」에는 '남이 하고 있는 일을 돕는다'는 뉘앙스가 있기 때문에, '어려운 상황에 있는 사람을 돕는다'는 뜻으로는 「たすける(구하다, 살리다, 돕다)」라는 동사를 써야 한다.

---

34 おおぜい

1 やすみの ひは じかんが おおぜい あります。

2 カレーに にくを おおぜい いれました。

3 夏やすみに しゅくだいが おおぜい でました。

4 えきの まえは ひとが おおぜい います。

정답 4 역 앞은 사람이 많이 있습니다.

어휘 おおぜい 많은, 많은 사람 | いれる 넣다 | しゅくだい 숙제

해설 단어를 익힐 때는 단어가 가진 뜻만 기억할 것이 아니라 어떤 상황에서 사용하는 단어인지 알아 두어야 한다. 「おおぜい(많이, 많은 사람)」는 사람이 많이 있을 때 쓰는 단어이므로 정답은 4번이다. 사물이 많은 경우를 나타낼 때는 「たくさん(많이, 많음)」을 사용하며 사람과 사물에 모두 쓸 수 있는 단어로는 「いっぱい(가득, 많음)」가 있다.

| M | E | M | O |